Ohne dich

Von Julia Spors

Roman

Die Deutsche Nationalbibliothek
verzeichnet diese Publikation in der
Deutschen Nationalbibliografie;
detaillierte bibliografische Daten sind
im Internet über http://dnb.d-nb.de
abrufbar.

Text: © 2008 Julia Spors
Alle Rechte vorbehalten.
Cover-Layout: Volker Bauer
Cover-Bild: Viola Bauer
Herstellung und Verlag: Books on
Demand GmbH, Norderstedt

ISBN: 978 383 704 570 3

Liebe Isabel,

kannst du mich gerade hören? Ich versuche dich zu erreichen. Doch ich weiß nicht immer, ob ich sofort zu dir gelange. Vielleicht bist du gerade auf einer großen Party und lachst mit anderen. So wie du immer mit mir gelacht hast. Auf deine 500 verschiedenen Arten. Und vielleicht hast du deshalb nicht immer sofort Zeit bei mir zu sein. Ich stelle mir dich dann vor, wie du von einer Wolke auf die andere springst, solange bis du an der Wolken-Bar angekommen bist. Dort holst du dir natürlich erstmal ein Glas Sekt, um danach alle um dich herum mit deinem Strahlen und Lachen zu begeistern.

Ich frage mich, ob es eine Promillegrenze im Himmel gibt und wie du nach zu vielen Gläsern Sekt nach Hause kommst? Musst du dich in Gedanken nur hinbeamen? Früher habe ich dich dann in solchen Momenten nach Hause gebracht. Oder wir uns gegenseitig. Das war schon sehr lustig und ich denke gerne daran zurück. Oft frage ich mich auch, wie dich meine Hilferufe von hier unten, der Erde, immer erreichen? Wie du so schnell da sein kannst, dass ich es immer sofort spüre? Diesen Trick musst du mir irgendwann einmal verraten. Piekst es dich dann in den Arm oder bimmelt dein Pager? Oder gibt es Himmel-Handys? Schnell tippen konntest du ja schon immer...

Ich stelle es mir schön vor im Himmel. Alles weiß, wuschelig und ganz kuschelig. Alles friedlich und fröhlich. Man kann seine Ruhe haben, wenn man möchte, aber auch feiern, wenn man Lust dazu hat. Es gibt keine Verpflichtungen, kein Muss, sondern nur angenehme Dinge. Und eine tolle Aussicht auf die Leute unten auf der Erde hat man dort bestimmt auch. Hinschauen kann man immer, wann man möchte. Vor allem, wenn das Vermissen zu schlimm wird. Dann kann man sich in die Leben der lieben Menschen einklinken. Machst du das auch öfters bei mir? Ich vermisse dich sehr und ich hoffe, es geht dir gut dort, wo du bist. Als Erdenmensch denkt man ja immer, dass im Himmel alles so ist, wie man es sich hier auf dem Boden erträumt. Ich denke, dass dort alles so ist, wie man es sich hier oft ausmalt und erwünscht. Oder dass es so ist, wie hier zu den schönsten Zeiten. Durch den Alltag und den Stress vergisst man ja oft das Glücklichsein oder man merkt erst viel später, dass man in der Zeit eigentlich glücklich war, aber im Himmel ist das Glück immer da und man spürt es auch. Man hat eine innere Zufriedenheit und Ausgeglichenheit nehme ich an. Hast du sie?

Weißt du, ich hatte diese Zufriedenheit und auch das Glück und ich habe es erkannt, als es da war. Nur leider wurde es mir genommen. Du wurdest mir genommen Isabel!
Ich wünschte es wäre nicht so gewesen.

Deine Laura

1. März 2001: Ich war am Ende meiner Kräfte. Ich sah keinen Sinn mehr im Leben. Alles schien trostlos. Die Farben des Lebens waren verblasst. Es gab nichts Schönes mehr. Mein Kopf war leer, total leer. Ganz ausgebrannt. Jede Bewegung in meinem Körper schmerzte. Ich wollte für immer auf meinem Bett liegen bleiben und die Wand anstarren. Einfach nichts denken oder tun müssen. Die Welt und mein Dasein vergessen. Den Weg zur Zigarette schaffte ich gerade noch. Das war aber auch alles. Wieso sollte ich noch etwas essen oder trinken, wenn ich früher oder später sowieso starb? Wieso sollte man sich überhaupt noch die Mühe machen, Beziehungen mit anderen Menschen aufzubauen? Irgendwann verließen einen doch sowieso alle. Danach war man doch nur fertig. Genau so wie ich jetzt. Mein Leben war zerstört. Innerhalb von einem Tag. Einem einzigen Tag! Wer konnte einem schon sagen, was der Sinn im Leben war und warum man sich durch so viele schwere Stunden quälen musste? –Keiner.

Und so sah ich es auch, als ich auf meinem Bett lag und nichts mehr fühlte. Keine Liebe, keinen Hass, keinen Schmerz. Einfach nur Leere. Ich wollte weinen, doch auch das ging nicht. Ich wollte nicht mehr reden, doch ich wollte auch nicht mehr alleine mit meinen Wänden sein. Ich wusste selbst nicht mehr, was ich wollte. Und all das wegen einem Augenblick, der mein Leben für immer veränderte.

Vor zwei Tagen war Isabel gestorben. Seitdem schien jede Bewegung zu viel zu sein. Jede noch so mechanische Bewegung machte mich fertig und ließ mich spüren, dass ich am Ende meiner Kräfte angekommen war. Das einzige, was mich momentan noch aufrecht hielt, war der Gedanke, Isabel die „letzte Ehre" zu erweisen. Ich musste die Beerdigung durchstehen, egal was kommen sollte. Das war ich ihr schuldig. Doch bis dahin war noch ein langer Weg. Die Tage wollten nicht vergehen. Und doch vergingen sie wie im Flug. Irgendwie war für mich alles ein Widerspruch in sich. Vor drei Tagen war die Welt noch in Ordnung. Isabel und ich hatten Pläne und genossen das Leben in vollen Zügen.

5 Jahre später: Isabel ist meine beste Freundin. Ich sage bewusst ist. Denn: Wahre Freundschaft geht auch über den Tod hinaus. Ich war 17, als Isabel starb. Es war für mich der Weltuntergang. Mein Name ist Laura. Heute bin ich 21 Jahre alt und komme mit ihrem Tod klar. Ich habe mein Leben wieder im Griff und kann mich wieder an kleinen oder großen Dingen erfreuen. Und doch ist mein Leben weiterhin fest mit Isabels verbunden. Egal ob im Beruf oder im Privatleben. Sie ist ein fester Teil in meinen Alltag und sie ist ein Teil von mir. Daran wird sich nichts ändern, denn das, was wir hatten, ist unsterblich.

Es ist eine Freundschaft, wie man sie nur selten erlebt und bei der man sich glücklich schätzen kann, sie erlebt haben zu dürfen. Umso schmerzhafter ist der Verlust. Über diesen hinweg zu kommen ist unmöglich. Der Weg zur Normalität ebenfalls. Doch genau über diesen Weg möchte ich erzählen. Das wollte ich von Beginn an, doch ich konnte es nicht. Inzwischen sind fünf Jahre vergangen, fünf Jahre in denen viel passiert ist. Viel schlechtes, aber auch viel Gutes. Fünf Jahre, in denen ich jeden Tag an Isabel gedacht habe – mal mehr, mal weniger. Aber präsent war sie immer. Inzwischen kann ich mit ihrem Tod umgehen und bin daran gewachsen, bin stark geworden durch das Erlebnis.

Gleichzeitig habe ich aber auch erlebt wie andere an ihrem Tod zerbrochen sind, den Weg zurück ins Leben nicht mehr gefunden haben und deshalb möchte ich hier von meinem Weg erzählen. Einfach um Mut zu machen, zu erklären, dass man wieder glücklich sein kann, auch wenn man einen Menschen verloren hat, den man liebt. Ich möchte zeigen, dass man trotzdem immer mit demjenigen verbunden sein kann, gerade wenn man weitermacht und wieder glückliche Momente erlebt und vor allem will ich zeigen, dass jeder etwas in einem anderen Menschen hinterlässt, nämlich Spuren. Spuren, die wichtig sind, die einen prägen und die einen immer zusammen schweißen werden.

Isabel und ich - wir kannten uns nicht unser Leben lang, wie man oft von so einer Freundschaft erwartet, sondern erst, seitdem ich 14 Jahre alt war. Ich hatte andere Freunde als sie. An einem Abend streiften sich unsere Wege. In einem Eisstadion. Und vom ersten Augenblick an verstanden wir uns blind. Wir setzten uns an diesem Abend von den anderen ab und unterhielten uns stundenlang. Es war ein sehr lustiger Abend. Und es sollten viele folgen. Bis zu diesem einen Abend – dem schlimmsten in meinem bislang jungen Leben. Ihrem Tod.

Seitdem schreibe ich Briefe an Isabel. Ich erzähle ihr dabei von meinen Gefühlen, meinen Ängsten und auch einfach von meinem Alltag. Ich lasse sie wissen, was hier passiert und schließe sie damit in mein Leben mit ein. So gehört sie dazu. Einfach zu mir und meinem Leben. Schon ein Tag nach ihrem Tod habe ich ihr einen Brief geschrieben und ihr diesen dann ins Grab geschmissen. Die anderen habe ich geschrieben und manches Mal wieder gelöscht oder verbrannt - aber viele habe ich auch aufgehoben. Ich lese sie immer wieder und sehe dadurch wie ich mich verändert habe, wie ich gewachsen bin in den letzten Jahren. Ich sehe aber auch, dass Isabel die Person ist, der ich die wichtigen Sachen in meinem Leben erzählen möchte. Und immer mehr erkenne ich, dass ich meinen Weg gefunden habe. Mit ihr zusammen.

26. Februar 2001: Isabel, wie jede Nacht telefonierten wir. Nur um noch mal über den Tag und unsere Gedanken und Gefühle zu reden. Um uns zu zeigen, dass wir füreinander da sind. Schon im Bett liegend erzählten wir uns unsere Gedanken und Ängste. So auch an diesem letzten Abend. Du sagtest mir, dass du dich nicht sehr gut fühlst. Ich wunderte mich, denn als ich noch bei dir war, schien alles ok.
„Das war es auch, denn du warst ja da", sagtest du.

Ich lächelte, denn ich wusste, dass es mir immer genauso ging. Egal wie schlecht ich mich fühlte, wenn du bei mir warst, dann war alles gut. Du sagtest, dass dir schlecht sei und du Kopfschmerzen hättest.

„Schlaf dich aus. Morgen geht es dir besser und dann machen wir was Schönes", sagte ich.

Du lächeltest. Das spürte ich sogar übers Telefon. Wir verabschiedeten uns und ich schlief sofort ein.

Nur ein paar Stunden später wachte ich aber wieder auf, weil mein Handy klingelte. Ich war sauer, denn schließlich war Sonntagmorgen. Dass du es warst, verwunderte mich noch mehr, denn auch wenn ich lange schlief, du hast es immer geschafft mich im Dauerschlafen zu überbieten! Als ich abnahm sagtest du mir, dass es dir wirklich nicht gut ginge und ich doch bitte zu dir kommen sollte. Also zog ich mich an und fuhr mit dem Bus zu dir. Als ich bei dir war, schlüpfte ich erstmal wieder zu dir ins Bett und wollte weiterschlafen, doch du hast den Fernseher angemacht. Also richteten wir uns auf und sahen fern. Keine Ahnung mehr welcher Film lief, ich glaube das interessierte uns beide nicht, denn wir dösten. Nah beim anderen. Als es heller wurde sagtest du zu mir, dass ich den Rollladen ganz runtermachen sollte, weil du starke

Kopfschmerzen hättest und dir das Licht wehtäte. Also verdunkelte ich den Raum.

„Willst du eine Aspirin? Ich habe welche im Rucksack."

Ich gab dir eine und du nahmst sie. Doch deine Schmerzen wurden nicht besser. Eher schlimmer. Ich machte mir Sorgen um dich, aber du hast gelacht. Ich merkte, wie dich jede Bewegung schmerzte, doch du gabst es nicht zu.

Irgendwann ging ich runter in die Küche zu deiner Mutter und teilte ihr mit, dass es dir nicht gut ginge und es immer schlimmer würde.

Als wir zusammen nach oben kamen, hast du dich übergeben. Wir haben dir dann einen Eimer neben das Bett gestellt. Kraftlos hast du dich ins Bett zurückfallen lassen. Ich legte mich wieder zu dir und fragte dich, ob du nicht mal was essen willst.

„Zwei trockene Toasts", war deine Antwort. Also ging ich in die Küche und holte sie. Als ich oben ankam und sie dir gab, hast du nur gelächelt und gesagt: „Ich esse nur einen Toast, wenn du den anderen isst. Einer ist für mich und einer für dich."

Das war typisch für dich. Obwohl es dir schlecht ging hast du bemerkt, dass ich noch nichts gegessen hatte und du wusstest auch, dass ich keinen Appetit hatte, weil ich dich so sah. Aber dir zuliebe aß ich die Scheibe.

Als wir wieder im Bett lagen,

fragte ich dich, ob irgendetwas los sei, weil es dir so schlecht ging. Du erzähltest mir von deinem Ex-Freund, aber betontest auch, dass es nicht das sei, was dich so fertig machte. Auf einmal hast du mich todernst angesehen. Ich werde diesen Blick niemals vergessen.

Du sagtest: „Versprich mir bitte, dass egal, was passiert, du unsere Projekte zu Ende bringst und unsere Träume lebst. Sie sind unsere Babys und einer von uns muss sich darum kümmern und es schaffen. Und vergiss dabei niemals, dass ich dich liebe und immer bei dir bin."

Ich starrte dich an und wusste nicht, was ich sagen sollte. „Jetzt hör auf mit diesem sentimentalem Gerede", scherzte ich deshalb. Doch du starrtest mich weiter so an bis ich es dir versprach. Danach sagten wir beide nichts mehr. Es war ein komischer Augenblick. Ich kannte dich so nicht. Du warst immer diejenige, die Scherze machte, auch wenn etwas noch so schlimm war. Ich war diejenige von uns, die mit ernsten Sachen anfing. Es kam mir alles seltsam vor. Ich dachte aber nicht weiter darüber nach, denn du musstest dich wieder übergeben. Doch diesmal bist du nicht aufs Bett zurück gesunken, sondern bewusstlos geworden. Ich sprang auf, nahm dich hoch und schüttelte dich, bis du wieder wach wurdest. Du hast mich nur angeschaut. Ich fragte dich etwas, doch bekam keine Antwort. Aber ich habe bemerkt, dass du mir zugehört hast, also sprach ich weiter auf dich ein. Ich sagte dir, dass du schlafen sollst. Als du deine Augen geschlossen hattest, ging ich zu deiner Mum und sagte ihr, was passiert war. Sie rief den Notarzt.

Als ich wieder zu dir ins Zimmer kam, lagst du außerhalb des Bettes – wieder bewusstlos. Mit all meiner Kraft schleppte ich dich ins Bett zurück. Als ich es gerade geschafft hatte, wurdest du wieder wach.
„Laura, fahr jetzt bitte nach Hause", sagtest du.
Ich sah dich an und schüttelte den Kopf.
„Ich lass dich doch jetzt nicht alleine. Außer du willst wirklich, dass ich gehe. Aber das glaube ich dir nicht."
„Nein, das will ich nicht."
Ich setzte mich zu dir auf die Bettkante und strich dir deine Haare aus dem Gesicht, als du dich wieder übergeben musstest. Danach saß ich bei dir und streichelte dir über die Schulter. Auf einmal hast du dich halb aufgesetzt und mich tief angeblickt. Ich war erstaunt über die Kraft, die noch in dir steckte.
„Bitte geh jetzt."
„Was? Ich lasse dich so hier nicht alleine, das weißt du."
„Ja, aber es ist wirklich besser du gehst jetzt. Tu mir diesen einen Gefallen. Bitte geh."
Ich stand auf, drehte mich in der

Tür noch mal um und sagte: „Ok, wenn du das willst. Ich komme morgen wieder und dann geht es dir wieder besser. Übermorgen gehen wir auf deinen geliebten Fasching."

Du sahst mich an, hast gelächelt und genickt. Ich hatte ein schlechtes Gewissen, aber ging. Hätte ich gewusst, dass es unser letztes Gespräch sein würde, hätte ich dir noch vieles andere gesagt. Oder eher: Ich wäre gar nicht gegangen! Mittlerweile war es Abend geworden.

Als ich zu Hause ankam, stand meine Mutter schon im Treppenhaus und hielt mir das Telefon entgegen. „Der Notarzt will wissen, was sie die letzten Tage gegessen und welche Tabletten sie genommen hat."

Mein Kopf war leer, aber ich versuchte so gut es ging, alles aufzuzählen. Als ich das Telefon sinken ließ, verließen auch mich meine Kräfte. Ich hatte gar nicht bemerkt, wie erschöpft ich war – bis zu diesem Augenblick.

Ich schaute meine Mutter an, gab ihr das Telefon, ging mechanisch in mein Zimmer und heulte. Meine Mutter setzte sich zu mir aufs Bett.

„Was ist los? Was ist mit Isabel? Warum ist der Notarzt da?"

„Sie stirbt. Sie wird heute noch sterben. Ich weiß es", sagte ich nur kraftlos und ließ mich aufs Bett sinken. Meine Mum strich mir meine Haare aus dem Gesicht.

„Hör auf zu weinen. Isabel stirbt nicht. Sie ist eine Kämpfernatur und morgen geht es ihr wieder besser. Das wissen wir doch."

„Nein, diesmal nicht. Sie stirbt."

Ich fühlte es. Ich kann nicht sagen, wie es sich angefühlt hat, aber ich wusste in diesem Moment, dass du stirbst. Ich wusste es mit einer Klarheit, die mich bis heute beschäftigt. Denn niemals hatte ich in meinem Leben etwas sicherer gewusst als das. Keiner konnte an diesen Gefühlen rütteln, und keiner schaffte es, mir etwas anderes einzureden.

Als meine Familie zu Bett gegangen war, setzte ich mich ins Wohnzimmer auf den Boden vor der Couch mit dem Telefon in der Hand.

„Komm Laura, schlaf etwas. Morgen wird alles wieder gut", sagte meine Mutter, nachdem sie noch einmal zurück gekommen war.

„Nein, ich warte hier, bis sie anrufen."

Und dann wartete ich. Auf einen Anruf von deiner Mutter oder deiner Schwester. Stundenlang starrte ich voller Verzweiflung das Telefon an bis ich es nicht mehr aushielt. Um ein Uhr nachts rief ich bei dir daheim an. Deine Oma ging ans Telefon um mir zu sagen, dass sie dir hier im Krankenhaus nicht helfen konnten und dich in eine Spezialklinik nach Heidelberg geflogen haben. Also wartete ich wieder auf eine Nachricht. Auch, wenn ich wusste, wie sie ausfallen würde. Ich wusste es jede Minute, jede Sekunde, seitdem ich aus deinem Zimmer gegangen war. Ich wusste es mit einer Verzweiflung, die nicht in Worte zu fassen ist. Um drei Uhr nachts rief deine kleinere Schwester an. Ich verstand sie nicht, da sie nur weinte. „Ich… Isabel…" Ich verlor die Geduld. „Verdammt, jetzt beruhig dich und sag mir, was los ist", schrie ich in den Hörer.

„Sie stirbt. Laura, sie stirbt. Sie können ihr nicht helfen."

Ich weiß, dachte ich. Und trotzdem versuchte ich, deine Schwester zu beruhigen und bat sie abzuwarten. Ich sagte ihr, du wärst eine Kämpferin. Ich sagte ihr genau das, was meine Mutter vorher schon zu mir gesagt hatte – obwohl ich es selbst nicht geglaubt hatte und zu diesem Zeitpunkt immer noch nicht tat. Ich war mir im Klaren darüber, dass ich deine Schwester anlog und doch wusste ich nicht, was ich anderes hätte sagen sollen. Als ich aufgelegt hatte, rannte ich total verzweifelt zu meiner Mutter ins Schlafzimmer und rüttelte sie wach.

„Mama, Isabel stirbt gerade. Sie stirbt…sie stirbt…sie stirbt."

Ich sank auf den Boden. Meine Mutter ging mit mir ins Wohnzimmer und sprach solange beruhigend auf mich ein, bis ich wieder normaler atmen konnte und nicht mehr so sehr weinte.

An der Wahrheit änderte es jedoch nichts.

Immer wieder rief ich in der Nacht bei dir zuhause an, doch keiner konnte etwas Genaues sagen, weil deine Mum und dein Stiefvater noch in Heidelberg waren. Am nächsten Morgen saß ich immer noch mit dem Telefon in der Hand vor der Couch, als meine Familie aufstand. Ich war benommen und verstört. Total verquollene Augen zeugten von der schweren Nacht.

Weil ich den ganzen Tag lang nicht aufhörte zu weinen und zu wimmern, fuhren meine Eltern mit mir zum Arzt, um mir etwas zur Beruhigung zu geben. Das hätte ich jedoch nicht gebraucht, denn ich war klar und wusste, was geschehen war und noch passieren würde. Der Arzt verschrieb mir Valium. Während wir dort saßen, durchfuhr es mich auf einmal wie ein Schlag. Wir gingen hinaus zum Auto und ich schaute auf die Uhr. 15:23 Uhr.

„Gerade eben ist Isabel gestorben", sagte ich nur und ließ mich auf den Rücksitz fallen. Meine Eltern sagten nichts mehr.

Als wir zu Hause die Wohnungstür aufschlossen, klingelte das Telefon. Meine Mum rannte hin und nahm ab. Ich sah ihren Blick und wusste, wer am anderen Ende war und was er sagte. Es war deine Mutter, um mir zu sagen, dass du tot seiest. Ich ließ mich auf den nächst besten Stuhl fallen und machte mir eine Zigarette an. Weinen konnte ich nicht mehr. Das hatte ich in der Nacht und am Morgen schon genug getan. Meine Mutter saß weiterhin auf der Couch und blickte mich mit leeren, fassungslosen Augen an.

„Laura, hier, der Anruf ist für dich."

„Nein, ich will nicht. Ich weiß schon alles", sagte ich nur.

Und so war es. Als meine Mutter auflegte, brauchte sie kein Wort zu sagen. Sie nahm mich nur in den Arm. Doch ich rauchte weiter meine Zigarette. Ich klammerte mich richtig daran fest. Dann drückte ich sie aus, ging in mein Zimmer und heulte ununterbrochen. Du warst tot…

Ja, du warst tot und ich weiß nicht mehr, was ich an diesem Tag noch gemacht habe. Ich glaube ich habe telefoniert und ein paar unserer Freunde verständigt. Aber genau weiß ich es nicht mehr. Meine Erinnerung hört auf, als ich wusste, dass meine Ahnung Gewissheit ist. Ich spürte es, als du gingst und ich war in Gedanken bei dir und ich spürte, dass auch du in Gedanken bei mir warst. Es war ein Gefühl, das unmöglich in Worte zu fassen ist. Selbst der eigene Geist kann dieses Gefühl nicht fassen – nur spüren. Isabel, wir waren verbunden in dem Moment. Ich habe in diesem Augenblick gemerkt, dass auch mein Herz stehen geblieben ist und ich wusste warum. Ich wusste, dass es wegen dir war, dass du dich gerade von mir verabschiedet hattest.

Am nächsten Tag zog es mich zu dir nach Hause, zu deiner Familie. Als ich klingelte, öffnete mir dein Stiefvater und nahm mich einfach nur in die Arme. Wir sagten kein Wort, denn es war alles gesagt. Deine Mum kam und nahm mich ebenfalls heulend in die Arme und ich weinte mit. Doch auch wir sprachen kein Wort. Dazu gab es keinen Anlass. Deine Mama schaute mich an und wischte mir die Tränen weg. Wir wussten, wie der andere fühlt. Im Wohnzimmer saßen deine Oma und ihr Freund sowie deine Schwester auf dem Sofa. Alle schauten mich an, ich ging zu ihnen und nahm sie alle in den Arm. Dann setzten wir uns. Doch keiner wusste, was er sagen sollte. Da teilte uns deine Mutter mit, dass du wohl Meningitis hattest - doch erst die Obduktion würde ein endgültiges Ergebnis, Klarheit bringen. Deine Schwester und ich sollten vorsichtshalber aber zum Arzt gehen, um Antibiotika zu nehmen. Ich bekam eine riesige Pille. Du weißt, wie sehr ich Tabletten hasse und dass ich sie nicht schlucken kann. Dieses Ding war jedenfalls die größte Tablette, die ich jemals gesehen hatte. Wirklich ein Monstrum. Wenn du dabei gewesen wärst, hättest du erst mich angeschaut, dann die Tablette und du hättest herzhaft gelacht. So wie du immer gelacht hast. Ich tat so, als ob ich sie nehmen würde, doch schluckte sie nicht.

Es war mir egal, was passieren würde. Du warst weg und was Schlimmeres gab es für mich in diesem Moment nicht. Wenn ich dann mit dir gehen sollte, wäre das gut so gewesen. Denn ich wollte bei dir sein. Nur bei dir und nirgends anders. Ich wollte nicht hier mit deiner Familie sitzen und fassungslos, hilflos und kraftlos sein. Ich wollte dich an meiner Seite haben. Wollte zu dir ins Zimmer laufen und mich zu dir aufs Bett legen, den Fernseher anschalten und sinnloses Zeug reden. Ich wollte dich lachen hören. Ich wollte dich sehen. Ich wollte so vieles und konnte es doch nicht.

Irgendwann ging ich hoch in dein Zimmer und holte mir den Laptop von der Redaktion. Zusammen haben wir die letzten Jahre in der örtlichen Zeitungs-Redaktion gearbeitet, waren ein unschlagbares Team geworden. Ob beruflich oder privat. Als ich so in deinem Zimmer stand, war mir, als ob gar nichts passiert wäre. Alles war noch genau so wie am Tag zuvor als ich bei dir war. Auf dem Tisch neben deinem Bett lagen sogar noch die Aspirin, die ich dir hingelegt hatte, als ich ging. Es sah fast so aus, als ob du nur kurz aus dem Zimmer gegangen wärst. Ich starrte das

Bett an, die Schränke, die Couch und dein Arbeitszimmer und konnte es einfach nicht begreifen, fühlte mich wie im falschen Film.

Mit dem Laptop fuhr ich dann in die Redaktion, ging ins Büro und sagte, dass ich nur den Laptop herbringen wollte und dass du tot wärst. Unser Chef und alle anderen Kollegen waren erst der Meinung, ich würde scherzen, Doch in dem Moment rollten mir die ersten Tränen die Wange hinunter. Ich drehte mich um und ging aus dem Zimmer. Unser lieber Chef lief hinter mir her und meinte, dass ich mich in nächster Zeit um nichts kümmern müsse. Doch das musste ich, denn ich hatte es dir versprochen. Ich antwortete ihm, dass ich am Wochenende arbeiten werde, weil ich nicht anders kann und es dir versprochen hätte. Er fand es zunächst nicht so gut, gab aber schließlich nach. Auch er hatte dich geliebt Isabel. Du warst für ihn fast so etwas wie eine Tochter und ich die andere. Er wollte uns helfen und tat es, indem er mich weiterarbeiten ließ. Ich glaube er wusste, dass er mich nicht hätte davon abbringen können.
Bevor ich schließlich wieder ging, kam eine unserer Lieblingskolleginnen noch zu mir und zog mich in den Aufenthaltsraum. Sie nahm mich einfach nur in den Arm und erzählte mir von einem ihrer Freunde, der gestorben war. Ihre Worte trösteten mich. Danach

ging ich nach Hause. Alleine – ohne dich. Es war das erste Mal Isabel. Das erste Mal, dass ich alleine dort war – ohne dich.

Am nächsten Morgen setzte ich mich in meinem Zimmer auf den Boden und studierte Gedichte und Sprüche, denn ich musste deine Todesanzeige entwerfen. Es war eine Aufgabe, die mir gut tat. Es war etwas, was ich direkt für dich tat. Ich brauchte Stunden dafür. Irgendwann mittags kam meine Mutter zu mir ins Zimmer, setzte sich neben mich und fragte, ob ich fertig wäre. Ich sollte mich beeilen, da man sonst keine Anzeige mehr aufgeben konnte. Mein Blatt war jedoch leer. Ich fand einfach nichts Passendes. Da war nichts, was ich dir hätte sagen können. Nichts, was zu diesem Ereignis gepasst hätte. Wie hätte auch irgendetwas passen sollen? Der Tod der besten Freundin war nichts, worüber wir in dem Alter nachdenken wollten. Woher sollte ich da wissen, was ich schreiben sollte? Und überhaupt haben wir solche Sachen immer zusammen gemacht Isabel. Trotzdem sagte ich meiner Mutter, dass ich gleich fertig wäre und dann kommen würde. Also schrieb ich einfach das nieder, was mir in diesem Augenblick durch den Kopf ging, einfach das, was mir gerade einfiel:

Ich kann mir ein Leben ohne dich nicht vorstellen, denn du hast meines geschaffen. Du hast mich zu dem gemacht, was ich heute bin. Du warst immer da, wenn ich dich brauchte, und du bist es immer noch. Du hast immer zu mir gehalten, mich gerne gehabt. Ich kann dir das alles gar nicht wiedergeben. Aber ich bin dir dankbar für alles und für mein Leben. Ich hab dich lieb.

Erinnerungen, die mich auffressen!
Vom Schmerz zerquetschte Augen,
lautlose Schreie, schreiende Stille.
Unaufhaltsame Tränen,
quälende Stunden der Einsamkeit,
alles sinnlos und schwarz.
Da ist ein Licht!
Will es mir sagen, dass du den Weg
Zu meinem Herzen wiedergefunden hast?
Nein, es ist die grelle Wahrheit,
die mir sagt: du kommst nicht mehr zurück!

Ich kann das nicht begreifen! Warum du? Du warst mein Leben. Ich weiß nicht, wie es jetzt weitergehen soll. Aber ich werde für dich weiterleben und kämpfen. Dein Lachen und deine Heiterkeit waren einmalig. Das wird immer bei uns sein. Ich werde dich nie vergessen können. Du warst die beste Freundin, die ich mir wünschen konnte. Irgendwann sehen wir uns wieder!

In ewiger Freundschaft dein Tollpatsch Laura

Als ich das geschrieben hatte fuhr ich mit meiner Mama in die Stadt, um die Anzeige aufzugeben. Sie wollte sie gerne lesen, doch ich zeigte sie ihr nicht. Die anderen konnten sie lesen, wenn sie gedruckt war. Danach verschwimmt der Tag. Ich weiß nichts mehr.
Aber Isabel, weißt du noch, wann du mich „mein Tollpatsch" getauft hast? Wir saßen zusammen in deinem Zimmer, damals noch in eurer alten Wohnung und schauten Fußball. Ich hatte den Aschenbecher auf meinem Bauch stehen und rauchte. Als ich niesen musste, traf ich ausgerechnet den Aschenbecher und alles verstreute sich über mich und über den Boden. Wir lachten beide herzhaft. Wir brauchten Minuten bis wir uns wieder fingen und da platzte es aus dir heraus: „Was dir jeden Tag so passiert, muss ich echt sagen, dass du mein Tollpatsch bist, mein persönlicher Stimmungsaufheiterer." Und wir lachten wieder. Jeden Tag gab es mindestens drei solcher Situationen.

Was in den Tagen bis zu deiner Beerdigung noch geschah, weiß ich heute nicht mehr. Die Tage sind wie ausgelöscht. Das einzige, das ich noch ganz verschwommen weiß ist, dass ich

Tag und Nacht bei deiner Familie war und mit deiner Mutter alle Formalien regelte, Lieder und Blumen für die Beerdigung aussuchte. Und weinte, weinte, weinte…

Dann kam der Tag deiner Beerdigung: Das war also einer der schlimmsten Tage in meinem Leben. Schon Stunden vor der Beerdigung saß ich daheim und wollte gar nicht wissen, was da auf mich zukommen würde. Ich wusste nicht, wie ich den Tag überstehen sollte. Aber eines war klar: Wenigstens heute wollte ich mich noch mal für dich herrichten, schön machen. Ich wusch meine Haare, schminkte mich und zog meine schwarzen Lieblingsklamotten an, wie ich es dir versprochen hatte. Ab und zu hatten wir schon über Beerdigungen geredet, aber nie hätte ich gedacht, dass ich so früh auf deiner sein würde. Meine Tante kam, um meine Eltern und mich abzuholen. Sie brachte mir noch einen wunderschönen Kerzenring mit und eine liebe Karte, die mir Trost spenden sollte.

Als wir am Friedhof ankamen, waren bereits Massen von Menschen da. Es war unglaublich. So etwas hatte ich noch nie gesehen. Alles für dich, dachte ich. Egal, wo ich hinblickte, überall sah ich bekannte Gesichter, aber ehrlich gesagt: Ich wollte gar nichts sehen. Das einzige, was ich wollte und mir aus tiefstem Herzen wünschte, war, dass du an meiner Seite warst. Kurz nach uns traf dann deine Familie ein. Deine Schwester hat mir einen kleinen Strauß Sonnenblumen mitgebracht, die wir extra importieren ließen. Du hattest mir einmal gesagt, dass du dir zu deiner Beerdigung Sonneblumen wünschen würdest. Wenigstens diesen Wunsch konnten wir dir noch erfüllen. Ganz langsam lief ich mit deiner Familie zur Gedenkhalle. Rund um den Sarg standen Kränze. Einer schöner als der andere. Und da entdeckte ich ihn das erste Mal richtig: deinen Sarg! Ich konnte nicht glauben, dass du da drin sein solltest. Nicht du, die immer so lebendig war. Wie gerne wäre ich hingerannt und hätte ihn aufgemacht. Wenigstens einmal wollte ich dich noch sehen, doch das durfte ich nicht mehr. Es zerriss mir das Herz. Ich verließ die Halle wieder. Total betäubt.

Nach und nach kamen immer wieder Freunde, um mir tröstende Worte zu spenden und mich in den Arm zu nehmen. Und dann ging es los. Der Sarg wurde in die Kapelle gebracht. Vier Männer zogen den Sarg, deine Eltern liefen hinter ihm. Und direkt dahinter deine liebe Schwester und ich. Wer hinter mir war, kann ich nicht sagen, denn davon habe ich nichts mitbekommen. Ich war wie in

Trance und musste mir immer wieder sagen, dass ich durchhalten musste, weil ich es für dich tue. Der Weg bis zur Kapelle kam mir endlos lang vor. Dort angekommen erklangen die ersten Töne von „Tu sei, tu sai" von NEK. Mein Herz zog sich zusammen, ich bekam kaum Luft. Das war das Lied, das ich immer nur mit dir zusammen angehört habe. Einen Monat zuvor waren wir noch gemeinsam auf dem Konzert, standen in der ersten Reihe und lagen uns bei dieser Ballade in den Armen. Doch heute stand ich alleine da, hinter deinem Sarg. Es war furchtbar. Tränen schossen mir unaufhaltsam in die Augen und ich konnte sie nicht mehr unterdrücken, so wie ich es vorher noch geschafft habe. Ich krallte mich an deiner Schwester Jessica fest, um nicht umzufallen.

Voller Trauer und Schmerzen nahmen wir unsere Plätze in der ersten Reihe ein, den Sarg direkt vor Augen, dein Foto obendrauf. Das Foto, auf dem du so schön lachst und fröhlich bist, wurde an meinem 16. Geburtstag in der Laube aufgenommen. Erinnerst du dich daran? Mir schossen die Gedanken an meinen Geburtstag in den Kopf und ich sah dich wieder lachend vor mir stehen, mir gratulierend und mit Sekt anstoßend. Wir waren beide so glücklich. Und wie haben wir gefeiert! So richtig schön gefeiert! Die letzten Töne des

Liedes verstummten und der Pfarrer begann zu predigen. Ich wünschte mir nur eins: Dass all das hier endlich ein Ende hatte. Ich konnte meine Augen nicht vom Sarg wegdrehen, starrte den Pfarrer an und zerrupfte dabei die Blumen, die ich in der Hand hatte. Nur damit ich mich auf etwas konzentrieren konnte, um nicht umzufallen. Jessica rutschte immer weiter zu mir, vergrub ihr Gesicht an meiner Schulter und heulte unaufhaltsam. Dein Stiefvater, der rechts von mir saß, nahm meine Hand, drückte sie ganz fest und zeigte mir damit, dass er da war, dass wir alle nicht alleine dastanden. Mit diesem großen, unfassbaren Schmerz.

Für einen Augenblick konnte ich auch das erste Mal kurz die Worte verstehen, die der Pfarrer sprach. Ich hörte, wie er über dich erzählte: Er beschrieb dich als fröhlichen Menschen, als liebe Freundin, die du für mich gewesen bist und er sprach von unserer unzertrennlichen Verbindung sowie deiner Liebe zur Arbeit. Danach klinkte ich mich gedanklich wieder aus, versank in Erinnerungen. Ich sah dich vor mir, als wir bei den U18-Länderspielen waren. Es war ein Traum für uns beide. Wir durften richtige Journalistenluft schnuppern, kleine Interviews führen und neben den großen Fernsehsendern Platz nehmen, ihnen bei der Arbeit über die

Schulter schauen. Wir waren beide sehr stolz darauf, bei so einem Ereignis dabei gewesen zu sein. Immer wieder hast du mir später bestätigt, dass dieser Tag einer deiner schönsten war und du ihn immer in Erinnerung behalten wirst. Selbst die Gänsehaut, die du aufgrund der Stimmung im vollbesetzten Stadion bekamst, konntest du danach immer wieder spüren, hast du mir erzählt.

Plötzlich waren diese Bilder wieder weg. Ich hörte „My love" von Westlife, ein weiteres Lieblingslied von dir. Die Melodie erfüllte die kleine Kapelle. Die CD hast du dir kurz vor deinem Tod gekauft und das Lied rauf und runter gehört. Ich hörte dich im Geiste mitsingen. Da sah ich wieder den Sarg vor mir. Nein, da konntest du nicht drin sein. Das war alles nur ein schlechter Scherz. Ich wartete darauf, dass der Deckel gleich aufging, du heraussprangst und allen erklären würdest, dass es nur ein Witz war. Denn so warst du. Immer für Scherze aufgelegt. Aber der Deckel bewegte sich nicht. Ich starrte fassungslos darauf.
Die Schulband deiner Schule fing an, ein Lied für dich zu spielen. Das waren alles Leute, die dich kannten. Einer davon war früher auch bei mir in der Klasse. Ich verstand nicht, wie sie sich nun auf die Musik konzentrieren konnten.

Wann war denn endlich alles vorbei? Jetzt hielt auch noch der Rektor deiner Schule eine Rede. Ausgerechnet jemand, der dich gar nicht kannte. Ich hörte nur: Sie wird immer einen leeren Platz hinterlassen. Blablabla… Von denen weiß doch keiner, was du wirklich hinterlässt verdammt noch mal. Wie sehr du mir, deiner Familie und deinen engen Freunden fehlen wirst. Er weiß nicht, wie viele schöne Momente wir zusammen hatten oder dass wir 24 Stunden am Tag zusammen waren. Er weiß nichts davon. Und das wird er auch nie wissen Isabel.

Nach endlosen Minuten war er fertig. Der Pfarrer sagte noch zwei Worte und ich fing schon an, mich an meinen Stuhl fest zu krallen, um nicht den Halt zu verlieren. Ich drehte mich kurz um und sah nur Leute, Leute, Leute. Die Kapelle war viel zu klein für all die Menschen, die da waren. Über die Hälfte stand draußen und verfolgte alles über die Lautsprecher, auch meine Eltern. Und dann kam noch ein Lied, das es galt zu überstehen. „Time to say goodbye". Wie passend! Bei diesem Lied setzte sich der Tross der Sargträger wieder in Bewegung und wir liefen hinterher. Ohje, jetzt auch noch den ewig langen Weg bis zum Grab, dachte ich. Ich wusste nicht, ob ich das schaffen würde, aber ich musste. Alle setzten sich in Bewegung und ich wünschte mir nur wegzulaufen. In der Kurve des Weges drehte ich mich kurz um. Was ich da sah, verschlug mir den Atem. Der halbe Friedhof war voller Leute und das alles nur wegen dir. Auch deine Eltern konnten es kaum fassen und schauten mich ungläubig an. Endlich war dein Grab in Sicht. Jetzt musste ich nur noch das überstehen. Klar war ich schon lange nicht mehr. Ich tat alles nur noch automatisch. Wie in Trance. Die Tränen vernebelten dazu noch meine klare Sicht.

Dann standen wir vor dem Loch, in das der Sarg hinuntergelassen wurde. Meine Knie zitterten, ich wusste, dass ich nicht mehr lange durchhalten würde. Ich umklammerte fest meine Sonnenblumen und die Eishockey-Flagge, die mir Jessica inzwischen gegeben hatte. Du wolltest diese Flagge immer, doch Jessica hat sie dir nie gegeben. Nach deinem Tod sind wir aber zum Eishockey-Training gegangen. Die Spieler haben dort alle etwas darauf geschrieben und nun sollte die Flagge auf deinen Sarg gelegt werden. Eigentlich wollten wir dich damit zudecken, aber man durfte den Sarg ja nicht mehr öffnen.

Der Pfarrer sprach noch ein paar Worte, während der Sarg in die Tiefe gelassen wurde. Wie sahst du wohl aus? Warst du wirklich in dem Sarg? Es gab so vieles, was ich wissen wollte. Und immer sagte ich mir: Nein, das konnte alles nicht wahr sein. Nun durfte jeder zu der Grube und sich von dir verabschieden. Deine Mama hatte die Kraft nicht mehr und ging wortlos vorbei. Dein Stiefvater warf seine Blumen in die Tiefe. Nun waren wir an der Reihe. Ich traute mich gar nicht, nach unten zu schauen. Jessica und ich gingen gemeinsam nach vorne. Sie ließ alles los und lief ebenfalls davon. Das konnte ich nicht. Ich kniete mich hin, sah auf deinen Sarg und ließ dann die Flagge mit der einen Hand los. Diese legte sich langsam auf den Sarg und umhüllte ihn. Ich war kurz vor dem Zusammenbruch. Ich warf meine Sonnenblumen und einen meiner Briefe hinterher und ging mit den Worten: „Ich hab dich so lieb!" Jessica empfing mich, schloss mich in die Arme und wir weinten ohne Ende. Ich blieb einfach nur noch dort stehen, wo ich gerade war und versuchte mich wieder unter Kontrolle zu bekommen und die Fassung zu bewahren.

Ein Bekannter nach dem anderen kam, um mich in die Arme zu nehmen. Irgendwann lief ich dann auch davon. Ich wollte weg. Einfach nur weg. Aber ich wusste nicht wohin. Eigentlich wollte ich zu dir, aber das ging ja nicht mehr. Ich eilte zum Eingang. Kollegen kamen und nahmen mich tröstend in die Arme. Dann kamen deine Eltern und wir stiegen ins Auto, fuhren zum Leichenschmaus. Ich war die einzige von deinen Freunden, ansonsten waren nur Bekannte deiner Eltern und Familienangehörige da. Ich saß bis abends bei deiner Oma auf der Couch und weinte.

Wie ich diesen Tag überstanden habe, frage ich mich noch heute. Aber danke für all die schönen Worte, die ich auf dem Friedhof zu hören bekam. Ein Satz von einer deiner Klassenkameradinnen geht mir auch heute noch nicht aus dem Kopf: „Sei froh, dass du so eine tolle Freundin hattest. Andere erleben nie so eine Freundschaft! Ihr zwei, das hat zusammen gehört. Das wusste jeder und viele haben euch darum beneidet. " Recht hat sie wohl und trotzdem ist es schwer...

Ein paar Tage später: Du wirst nicht glauben, was heute passiert ist! Es war ein wirklich schöner Tag und ich war mit deiner kleinen Schwester draußen im Garten. Wir haben Ball gespielt. Sie hat ihn mir zugeworfen, ich wieder zu ihr und so weiter. Und auf einmal hat sie in den Himmel geschaut und den Ball ganz weit nach oben geworfen. Dann hat sie ihn wieder aufgefangen und das gleich noch einmal gemacht und plötzlich hat sie gerufen: „Isabel, fang". Ich stand da und wusste nicht, was ich sagen sollte. Ich musste plötzlich weinen, die Tränen kamen von ganz alleine. Ich hatte mir ja gedacht, dass eine Eineinhalbjährige irgendetwas mitbekommt von dem, was da gerade passiert war, aber so? Wir haben ihr ganz viel erzählt von dir in den vergangenen Tagen. Dass du jetzt oben im Himmel bist und dass es dir da sehr gut geht. Wir haben ihr von deiner Wolke erzählt und davon, wie du dort jetzt mit anderen spielst. Und wir haben ihr gesagt, dass du immer auf uns aufpassen wirst und immer zuschauen wirst – egal was wir machen. Du bekommst alles mit, siehst alles und beschützt uns jetzt als Engel. Und heute wollte sie eben mit dir spielen. Sie dachte, wenn sie den Ball nur hoch genug wirft, dann fängst du ihn auf und wirfst ihn ihr zurück. Sie war fröhlich dabei und hat sich ganz arg angestrengt den Ball weit nach oben zu werfen. Sie hat das immer wieder gemacht, bis sie gemerkt hat, dass ich weine. Und auf einmal hat sie den Ball liegen lassen, ist zu mir gekommen und hat mich gefragt, warum ich weine.

„Das sind nur ein paar kleine Tränen, ich weine nicht richtig", habe ich zu ihr gesagt. „Die sollen aber auch weg", hat sie geantwortet und mir die Tränen weggewischt. Isabel, deine kleine Schwester! Ich habe sie ganz fest in den Arm genommen und gesagt: „Weißt du: Isabel ist zwar da, aber den Ball kann sie nicht fangen. Aber wenn du ihr winkst, dann freut sie sich bestimmt." Und deine Kleine hat sich in die Sonne gestellt, in den Himmel gewunken und gefragt: „Können wir beide jetzt weiterspielen?" Ich habe gelächelt und weitergespielt.

Ein Monat nach der Beerdigung: Die Tage nach deiner Beerdigung waren auch nicht besser als die Tage davor. Ich vegetierte vor mich hin. Ich konnte und wollte nichts essen, wollte das Haus nicht verlassen, wollte mit niemandem reden. In die Schule schaffte ich es nicht mehr. Ich lag einfach nur auf meinem Bett oder war bei deiner Familie. Sie war mein einziger Anker in dieser Zeit. Ich versuchte ja wieder ins Leben zu finden, aber das war oft leichter gesagt als getan. Wie sollte man einen Anfang machen? Wie lernte man wieder zu leben, wenn man seinen einzigen Lebensmittelpunkt gerade verloren hatte? Ich wusste es nicht. Lange nicht. Ich dachte, dass ich nun für immer unglücklich sein müsste, dass ich dich nie wirklich loslassen könnte. Ich dachte, dass ich nicht mehr lachen dürfte, weil du ja auch nicht mehr lachen konntest. Du konntest gar nichts mehr machen und ich wollte es nicht mehr, weil du nicht mehr bei mir warst. Es war ein Teufelskreis. Ich fing an, dir immer mehr Briefe zu schreiben und das mache ich heute noch gerne. Sie helfen mir. Und ich habe das Gefühl sie erreichen dich. Genauso wie ich dich erreiche, wenn ich mit dir rede – ob mit oder ohne gesprochene Worte. Ich spüre dich in meinen Träumen – ob tagsüber oder nachts. Und immer wieder frage ich mich, ob das nur Einbildung ist oder ob du wirklich hier bei mir bist. Sei es als Geist oder sonst was. Vielleicht als Seelenstreichler. Ja Isabel, das ist wieder ein selbstkreirtes Wort von mir, du hast dich darüber immer lustig gemacht. Ein Seelenstreichler ist für mich jemand, der einen ganz tief in seinem Inneren berührt. Egal ob durch seine wirkliche Anwesenheit oder auch nur durch Gedanken oder Gefühle. Oft hört man doch von Leuten, die spüren, wenn es jemandem aus der Familie nicht gut geht. Und so ähnlich funktioniert das mit den Seelenstreichlern auch. Sie ergreifen und berühren einen – und dafür müssen sie noch nicht einmal anwesend sein. Wärst du jetzt gerne so ein Seelenstreichler? Ich spüre dich auch heute noch fast real, wenn ich alte SMS oder Emails von dir lese. In diesen Momenten bist du hier bei mir und es scheint für Sekunden oder Minuten so, als ob die Welt in Ordnung wäre. Aber leider nur für diese kurzen Augenblicke. Dann realisiere ich sofort wieder, dass man dich mir zu früh weggenommen hat.

16 Jahre warst du gerade einmal alt und wir beide hatten viel zu wenig Zeit, uns kennen zulernen und zu entwickeln. Ja klar, viele würden sagen, wir kannten uns in- und auswendig, so viel Zeit, wie wir immer miteinander verbracht haben, aber ich glaube das nicht. Ist es nicht so, dass man einen Menschen nie wirklich ganz kennt? Lernt man ihn nicht immer wieder von einer anderen Seite kennen? Keine Situation gleicht einer anderen und kein Mensch verhält sich immer gleich. Ich war oft von dir überrascht, auch nach Jahren noch. Du hattest die Gabe, mich immer wieder zum Staunen zu bringen und darüber muss ich heute noch lächeln.

Erinnerst du dich noch an unseren riesigen Streit? – Wie könntest du den vergessen. Fast ein halbes Jahr lang haben wir kein Wort miteinander gewechselt, obwohl wir jedes Wochenende mit der gleichen Clique weg waren. Du hast mich ignoriert, gemieden und mir deutlich zu verstehen gegeben, dass du mit mir nichts mehr zu tun haben möchtest. Denn: Ich hatte dir gesagt, dass ich mich in dich verliebt habe. Ob das ein Fehler war oder nicht, kann ich heute nicht mehr sagen. Damals hätte ich ohne Umschweife ja gesagt, aber heute bin ich froh darüber, dass ich es getan und dazu gestanden habe. Es hat mich reifer werden lassen.

Damals war es aber einfach nur schmerzhaft. Nicht nur, dass ich einen Korb von meiner ersten großen Liebe, die zudem noch ein Mädchen war, bekommen habe, ich habe gleichzeitig auch noch meine besten Freundin, meine Seelenverwandte verloren. Und das wurde mir täglich schmerzhaft bewusst. Du hast mir bei allem gefehlt beim Fußball schauen, beim in die Schule laufen, beim gemeinsam TV schauen und vor allem beim Reden. Immer haben wir miteinander reden können, doch plötzlich ging das nicht mehr. Ein halbes Jahr lang. Ich war 16 Jahre alt und dachte, die Welt bricht zusammen. Dass ich ein Jahr später wirklich vor den Trümmern meines Lebens stehen würde, konnte ich da ja noch nicht wissen. Dann nach einem halben Jahr deine SMS. Du fragtest, ob wir zusammen ein Fußballspiel anschauen und ich sagte ja. Wie zwei total Fremde, die sich einmal sehr nah waren standen wir abends neben dem Bolzplatz und näherten uns langsam wieder an. Es war schwierig, aber sehr schön, denn schon nach wenigen Minuten wussten wir beide, dass wir einander gefehlt hatten. Ich sah es an deiner Art, wie du mich angeschaut hast. Du konntest sehr sanft sein, überspieltest das aber meist mit deiner heiteren Art. Genauso wie du deine Schüchternheit hinter flotten Sprüchen versteckt hast. Aber bei diesem einen Blick von dir wusste ich, dass es dir in diesem halben Jahr Funkstille auch nicht besser gegangen war als mir. Und das, obwohl das Schweigen von dir ausging. Ich war 16 Jahre alt und du 15 Jahre und doch wussten wir beide, dass wir mit dieser Hürde eine riesige in unserer Freundschaft genommen hatten. Eine Hürde, die uns noch tiefer zusammen schweißen sollte und gegen die keiner mehr ankam. Nur der Tod. Leider. Doch auch der nicht ganz.

Ein Monat und 9 Tage danach: Sag mal, hast du da oben im Himmel neue Freunde gefunden? Und wie hast du dir dein Zimmer eingerichtet? Macht ihr öfters Partys bei dir? Ich weiß doch, dass du ohne ein paar Feiern mit Freunden nicht leben kannst. Oder wird man im Himmel ruhiger und es zählen andere Dinge? Ich könnte mir vorstellen, dass mir wichtig wäre andere Verwandte zu besuchen. Hast du schon jemanden getroffen? Und gemeinsam in Erinnerungen geschwelgt? Wahrscheinlich schläfst du jetzt bis mittags oder eher nachmittags. Das hast du ja schon immer gerne gemacht. Manchmal hast du sogar ganze Tage im Bett verbracht. Deine Mutter hat das oft aufgeregt, aber sie hat dich dann trotzdem gelassen. Ich fand es immer klasse in deinem Bett zu liegen, zu reden und Fernsehen zu schauen, ab und zu zu telefonieren oder mal etwas zu essen. Ich habe sie genossen, unsere Faulenzer-Tage.

Wenn du dann aufstehst, schwingst du dich bestimmt sofort in deinen Wolken-Flitzer, der ein bisschen an einen Sportwagen erinnert und fährst zum Fußballtraining. Du hast immer gerne gespielt, bis dich eine Knieverletzung daran gehindert hat. Aber Verletzungen gibt es im Himmel bestimmt nicht. Da muss jeder gesund sein und sollte doch mal einer verletzt werden, ist der Wolken-Doktor mit seinem Zauberstaub bestimmt gleich da. Bist du wieder Stürmer? Wahrscheinlich. Ich würde dir außerdem die Nummer elf geben, die hast du gerne gehabt bei anderen Spielern. Weißt du eigentlich, dass ich bei jedem Fußballspiel, das ich sehe, an dich denken muss? Auch heute noch. Und ich glaube nicht, dass sich das einmal ändern wird. Aber es ist schön. Am Anfang waren diese Erinnerungen sehr schmerzlich, doch irgendwann hat dieser Schmerz nachgelassen und jetzt freue ich mich über solche Erinnerungen. Kannst du dir das vorstellen? Es ist ganz komisch…– egal.

Zurück zu deinem Tag: Nach dem Training oder Spiel sitzt du dann mit deinen Kameradinnen zusammen? Und ihr lacht ganz viel, oder? Du konntest einfach immer lachen. Egal, wie schlecht du drauf warst, du hast immer gelacht und anderen ein Lächeln ins Gesicht gezaubert. Oft habe ich mich gefragt, wie du das schaffst, aber das warst einfach du! Wenn auch heute noch jemand von dir erzählt, dann immer darüber, was für ein fröhlicher Mensch du warst und wie sehr du gestrahlt hast. Ja Isabel, du hast gestrahlt. Wie genau, das kann ich nicht beschreiben, aber dieses Strahlen war einfach da und man musste immer sofort mitlächeln. Es gab nur ganz wenige Augenblicke, in denen ich dich anders erlebt habe. In diesen Momenten wusste ich meistens nicht, wie ich mit dir umgehen sollte, doch irgendwie habe ich wohl immer das richtige getan und gesagt, denn ich war die einzige, der du dich anvertraut hast und bei der du auch mal geweint und dich fallen gelassen hast. Dadurch wusste ich, dass ich etwas Besonderes für dich bin, weißt du das eigentlich? Gesagt habe ich es dir nie. Aber manchmal muss man Dinge ja auch nicht aussprechen um sie zu wissen, manchmal weiß man sie einfach. So, wie ich weiß, dass du abends einen Rundgang machst um nach deinen Lieben zu schauen hier unten auf der Erde. Nach deinen Eltern, deinen zwei Schwestern und auch nach mir. Immer, wenn ich ins Bett gehe, fühle ich, dass du noch einmal bei mir warst und dich vergewissert hast, dass es mir gut geht und auch, dass ich den Tag gut überstanden habe. Und ich spüre, wie du mir Kraft für den nächsten Tag schenkst. Auch heute kann ich sie spüren. Aber anfangs konnte ich sie manchmal nicht wahrnehmen. Heute ist das ein Geschenk für mich. Ein Geschenk, das mit Geld nicht zu bezahlen ist und das nicht jeder bekommt. Selbst, wenn viele denken, ich bin alleine, weiß ich, dass ich es nicht bin, weil du in meinen Gedanken und in meinem Herzen immer ganz nah bei mir bist.

Zwei Monate nach deinem Tod: Isabel, ich habe es immer noch nicht geschafft, wieder regelmäßig in die Schule zu gehen. Ich wollte es, aber es ging nicht. Du kannst es schließlich auch nicht wieder. Weißt du, ich habe es an einem Tag probiert und als ich dasaß, habe ich auf einmal erfahren, dass an diesem Tag ein Aufsatz geschrieben wird. Ich wusste das nicht, geschweige denn über welches Thema. Also saß ich erstmal da und schaute mich unruhig im Klassenraum um. Meine Mitschüler wussten nicht, wie sie mit mir umgehen sollten, ob sie mich in Ruhe lassen sollten oder doch lieber etwas sagen, also gingen sie um mich herum. Keiner traute sich mich anzusprechen und ich hockte einfach nur da. Ich dachte an dich und am liebsten hätte ich gleich wieder angefangen zu heulen.

Gleichzeitig hätte ich am liebsten alle angeschrieen und ihnen gesagt, sie sollen sich normal verhalten. Doch auch das konnte ich nicht. Als meine Lehrerin kam und mich sah gab sie mir ein Zeichen, dass ich nach draußen gehen sollte. Also verließ ich das Klassenzimmer und wartete vor der Türe. Ich hörte wie die anderen ihre Aufgabe bekamen und ihre Arbeiten schreiben sollten. Als meine Lehrerin kam, sah sie mich einfach nur an, nahm mich in den Arm und sagte, dass sie sich freut, weil ich da sei. Sie sagte mir, dass ich mich einfach hinsetzen solle, ein Blatt Papier nehmen und das aufschreiben, was mir durch den Kopf geht. Und das tat ich dann auch. Isabel, ich saß fünf Stunden in der Schule und schrieb meine Gedanken auf. Darüber, wie ungerecht das Leben manchmal sein kann und auch darüber, wie schnell sich das Leben verändern kann. Ich schrieb all meine Verzweiflung und Trauer auf und als ich nicht mehr konnte, lies ich die Seiten liegen, stand auf und ging.

Und dann kam ein Moment, den ich nie wieder vergessen werde. Ich ging nach draußen, stand auf dem Schulhof und schaute in den Himmel. Ich fing an zu weinen, dachte an dich und plötzlich riss der Himmel auf und die Sonne hat geschienen. Irgendwie war es wie ein Zeichen. Ein Zeichen, dass du bei mir bist und dass ich lächeln sollte, weil ich endlich wieder einen Schritt nach vorne gemacht hatte und in die Schule gegangen bin. Ich spürte neue Kraft und fuhr nach Hause. Doch danach brauchte ich wieder Ruhe, ging am nächsten Tag nicht in die Schule. Zwei Tage später lag ein Brief im Briefkasten. Er war von meiner Lehrerin. Darin lagen die Seiten, die ich geschrieben hatte und noch ein Brief meiner Lehrerin. Darin stand, dass sie noch nie von einem Text so berührt worden war wie bei diesem. Sie hat geschrieben, dass sie dafür niemals eine Note vergeben könnte, weil es meine Gefühle waren über die ich geschrieben hatte und noch nie hatte sie erlebt, dass jemand seine Gefühle so ausdrücken konnte. Sie schrieb mir, dass sie jeden Tag an mich denkt, mit mir fühlt. Im Brief stand aber auch, dass sie sich wünscht, mich im Unterricht wieder zu sehen. Und dass ich nach vorne schauen sollte. In dem Brief stand auch, dass sie durch mich an ihre tote Schwester erinnert wird und an ihre eigene schwere Zeit und dass ihre Schwester auch gewollt hätte, dass sie wieder lacht. Genauso wie du dir das für mich wünschen würdest. Sie hat mir geschrieben, dass sie mir jede Unterstützung gibt. Hauptsache, ich komme wieder in die Schule. Ich las ihren Brief und wusste sofort, dass ich am nächsten Tag wieder in die Schule gehen würde. Und das tat ich auch. Ich nahm die nächsten Monate zwar nicht richtig am Unterreicht teil, registrierte kaum, was da passierte und ich schrieb auch keine Arbeiten mit, aber ich bekam mit der Zeit wieder Routine und einen Alltag. Ich begann langsam wieder mit anderen zu reden, zu lachen und auch Spaß zu haben. Letzteres aber nur sehr langsam. Ich wusste, dass ich das Schuljahr wiederholen musste, da ich zu viel Stoff verpasst hatte, doch das war unwichtig. Wichtig war einfach morgens aufzustehen und den Tag zu erleben, ihn mitzugestalten. Und vielleicht ab und an ein paar schöne Momente zu haben.

Doch dann kam alles wieder ganz anders. Ich hatte mich gerade wieder in der Schule eingelebt als ich starke Schmerzen am Rücken bekam. Der Arzt schickte mich sofort ins Krankenhaus zur Notoperation. Gerade einmal zwei Monate war es her, dass du im Krankenhaus gestorben bist. Ich wollte den Ort nie wieder betreten, doch auf einmal saß ich im Behandlungsraum. Ich hatte einen Abszess, der operiert werden müsste. Es machte mir nichts aus, erschreckte mich nicht. Es war mir schlichtweg egal. Selbst die Schmerzen die Tage davor hatte ich ignoriert – bis es eben gar nicht mehr ging. Ich dachte es würde sich schon wieder geben, dass ich schlecht sitzen, stehen oder liegen konnte. Ich spürte die Schmerzen kaum, da der Schmerz, dich verloren zu haben, größer war. Jetzt lag ich aber da und wurde auf die Operation vorbereitet. Im Arm hatte ich immer deinen Bären, Isabel. Du weißt, dass ich Stofftiere nicht mag, vor allem nicht im Bett, aber den Bären hast du zu deiner Geburt geschenkt bekommen. Er war bei dir, als du krank warst, als du im Krankenhaus lagst und auch, als du starbst. Du hattest ihn im Arm. Deine Familie hat ihn mir später geschenkt und ohne diesen Teddybären würde mir inzwischen etwas fehlen. Ich hielt ihn fest im Arm, als die Narkose besprochen wurde. Ich weiß noch, dass ich gefragt wurde, ob ich seelisch denn gerade unausgeglichen wäre und ich sagte ja. Die Ärzte erklärten mir später, dass solch ein Abszess normalerweise meist bei Fernfahrern vorkomme, nicht aber bei jungen Mädchen. Vermutlich hatte sich mein innerer Schmerz einen Weg nach außen gesucht.

Als ich dann im OP lag, dachte ich nur an dich, ebenso als ich aufwachte mit dem Teddy im Arm. Die Tage nach der Operation nahm ich kaum wahr. Ich merkte nicht, dass sich meine Naht wieder geöffnet hatte. Eine zweite OP folgte. Gegen die Schmerzen bekam ich Valium, doch ich vergaß es zu nehmen, weil ich an dich dachte. Trotzdem hielt ich die OP ohne Probleme aus. Die Schmerzen, die ich im Inneren hatte waren größer. Es ist komisch, man glaubt das manchmal ja nicht, wenn jemand sagt, dass er Verletzungen nicht spürt, weil es ihm innerlich nicht gut geht. Seitdem glaube ich das. Ich habe es auch nicht gespürt.

An dem Tag als ich entlassen wurde bedrängte ich meine Eltern so lange, bis sie mich zum Friedhof fuhren. Ich war täglich an deinem Grab gewesen bis ich ins Krankenhaus kam und ich hatte es vermisst. Immer wenn ich dort war, fühlte ich mich dir nahe. Ich saß dann auf dem Boden und redete mit dir. So auch an diesem Tag. Ich schleppte mich zu deinem Grab, kniete mich davor und redete mit dir. Lange. Und es tat gut. Ich erzählte dir vom Krankenhaus, von den Leute dort, der OP und deinem Teddy, ich erzählte dir von meinen Gefühlen, Ängsten und davon, wie sehr ich dich vermisste. Und als ich ging, fühlte ich mich besser. Denn ich war wieder bei dir gewesen…

Die Wochen danach musste ich viel Geduld haben. Ich musste jeden Tag zum Arzt gehen und konnte nur langsam wieder stehen oder sitzen. Ich musste mich erst wieder daran gewöhnen. Sechs Wochen lang ging das so. In die Schule konnte ich in der Zeit auch nicht, da ich so lange nicht sitzen konnte. Also baute ich mir daheim meinen eigenen Alltag auf. Und der bestand hauptsächlich darin, eine Homepage für dich zu erstellen. Ich wollte, dass etwas von dir da ist, auch wenn du gegangen bist. Außerdem konnte ich mich so mit dir beschäftigen und hatte zugleich eine Aufgabe. Als ich die Homepage fertig hatte, lernte ich dadurch viele Jugendliche im Internet kennen, die auch einen geliebten Menschen verloren hatten und wir hatten viel Kontakt. Isabel, da war Anna, die war genauso alt wie du. Ihrer besten Freundin ging es ähnlich wie mir und wir schrieben uns täglich sehr viel. Sie wusste auch nicht, wie sie den Weg zurück ins Leben finden sollte. Über Monate hinweg hielten wir den Kontakt und ich muss sagen, es hat mir sehr gut getan. Sie war die einzige, die mich richtig gut verstanden hat.

16. April 2001: Isabel, heute ist mein 18. Geburtstag. Ich verbringe ihn alleine, ich möchte ihn alleine verbringen. Eigentlich hatte ich schon einen Plan. Und der bestand darin, ihn mit dir zu verbringen. Wir wollten feiern gehen. So richtig feiern. Nachts in den Geburtstag hineinfeiern und abends wieder hinaus. Wir freuten uns darauf, dass ich dann volljährig sein würde, den Führerschein hätte. Endlich mobil und unabhängig würden wir sein. Wenn wir zusammen auf dem Bett lagen haben wir immer wieder von diesem Tag geträumt und von den Tagen danach: Wir sahen uns beide in meinem knallgelben Opel Corsa mit guter Musik. Izzy, wir wollten einfach durch die Stadt fahren. Wohin war egal, einfach die Straßen rauf und runter. Oder mal kurz zur Tankstelle, was zu trinken holen. Wichtig war uns nur, dass wir das endlich tun konnten. Wann immer wir wollten. Heute muss ich dir gestehen, dass ich meinen Führerschein nach deinem Tod nicht weitermachen konnte. Ich war zu fertig. Ich habe die Prüfungen erstmal verschoben und deshalb sitze ich heute ohne den „Lappen" da. Heute Nacht habe ich mit einem Glas Sekt auf meinen Geburtstag und auf dich angestoßen. Ich war auf dem Balkon und habe in die Sterne geschaut und ich habe deutlich gespürt, dass du bei mir bist. Es ist komisch, wahrscheinlich wird mir das auch keiner jemals glauben, aber ich habe dich so stark gespürt, dass ich fast dachte, du wärst da und würdest mich in den Arm nehmen. Als ich heute Morgen dann aufgewacht bin, habe ich diese Berührung immer noch gespürt und ich musste einfach zu dir. Deshalb bin ich direkt nach dem Aufstehen zum Grab gefahren. Ich habe eine kleine Flasche Sekt mitgenommen und zusammen mit dir angestoßen. Ein Schluck Geburtstagssekt für mich und ein Schluck für die Blumen auf deinem Grab. Du hättest darüber gelacht und hast es wahrscheinlich auch getan.

Sag mal, hast du da oben im Himmel heute auch gefeiert oder tust du es vielleicht gerade? Du warst mindestens genauso aufgeregt wie ich und hast den Tag noch weniger abwarten können als ich. Oft dachte ich schon, es ist dein Geburtstag weil du so viel Theater darum machst. Ich stelle mir vor, wie du all deine neuen Bekannten einlädst, dich selbst hinter die Theke stellst und lachend einen Cocktail nach dem anderen mixt. Ohne Rezept und ohne richtigen Plan. Und bei jedem Cocktail, den du auf die Theke stellst, wartest du skeptisch aber schmunzelnd auf die Reaktion. Und alleine mit dieser Aktion stiehlst du dich in die Herzen aller Partybesucher. Die Musik, die bestimmst du natürlich auch selber, denn nichts war schlimmer für dich, als wenn die Party gut war, aber blöde Musik lief. Weißt du, ich sehe dich vor mir, wie du hinter der Theke herumwirbelst, eine CD nach der anderen in die Anlage schmeißt und zugleich mit jedem redest und lachst, der gerade vor dir steht. Ich sehe dich vor mir, wie du die Zutaten vermischst und eigentlich gar keine Ahnung von dem hast, was du da gerade machst.

Und ich sehe dich vor mir, wie du plötzlich innehältst, mich in dieser Menschenmenge suchst und mich findest. Denn, das hast du immer getan, wenn wir weg waren. Du hast immer wieder den Blickkontakt gesucht, auch wenn wir viele Meter voneinander entfernt standen. Du hast mich gesucht und wenn du mich entdeckst hast, hast du gelächelt und mir zu verstehen gegeben, dass ich etwas Besonderes für dich bin. Das hast du an solchen Abenden oft auch gesagt. Einfach so im Vorbeigehen oder beim Singen und Tanzen. Ich war dann kurz immer erstaunt, denn du warst wirklich kein Mensch, der großartig über Gefühle sprach oder diese offen zeigte. Heute habe ich das Gefühl, dass du mich wieder suchen würdest. Genauso wie ich dich hier suche. Doch dein Platz ist einfach leer. Ich bin noch lange an deinem Grab sitzen geblieben heute, habe es mir auf der Bank daneben bequem gemacht und habe die Sonnenstrahlen genossen. Es waren viele ruhige Momente, die ich da erlebt habe. Stille Momente, die mich nachdenklich gemacht haben. Nicht schlecht nachdenklich, es ging mir trotzdem gut. Aber ich habe viel über mein bisheriges Leben nachgedacht und darüber, was ich mir von der Zukunft wünsche. 18 Jahre bin ich heute geworden – es waren 18 schwierige Jahre, aber auch Jahre, in denen ich sehr viele wunderbare, einmalige Augenblicke erlebt habe. Die meisten davon mit dir. Du hast mich verändert. Weißt du das eigentlich?

Heute wollten wir laute Momente erleben, so richtig laute. Einmal so richtig auf die Pauke hauen, feiern bis zum abwinken. Aber jetzt ist alles anders. Ich will keine lauten Momente mit anderen Menschen heute, ich möchte die stillen erleben. Die stillen Augenblicke mit dir. Und dazu muss ich nur in mich hineinhorchen. Dann weiß ich, dass du da bist, mit mir feierst und den Tag genießt. Gerade bin ich nach Hause gekommen und gleicht kommt meine Familie und Verwandtschaft. Sie wollen mich in den Arm nehmen, mir gratulieren und mir zeigen, dass sie da sind. Und das ist auch schön. Isabel, es klingelt… Ich denke an dich meine geliebte beste Freundin!

Abends am Geburtstag: Hallo, hier bin ich wieder. Ich habe den Tag überstanden. Ach Isabel, es ist so komisch. Erst freut man sich jahrelang auf einen bestimmten Tag und dann weiß man schon Wochen vorher, dass man ihn am liebsten vergessen und übergehen würde. Und wenn er dann da ist, kann er einen einfach nur enttäuschen. Es war schön meine Familie zu sehen, von ihnen in den Arm genommen zu werden und es war auch schön angerufen zu werden oder SMS zu bekommen. Es war auch schön, aufmunternde Worte und liebe Karten zu bekommen, aber es fühlt sich halt nichts so an, als ob es passt. Du bist nicht hier und wirst es auch nicht mehr sein und das hat das Leben verändert.

Was ist so ein Geburtstag schon? Es ist auch nur ein normaler Tag. Es gibt Tage, die sind schöner als der heutige, es gibt aber auch Tage, die sind schlechter. Es gibt Tage, die bedeutungsvoller sind, an denen viel mehr passiert. Dinge, die das Leben verändern. Als wir an Silvester in das Jahr gefeiert haben, dachte ich, dass der einzige Tag, der alles verändern wird in diesem Jahr, mein 18. Geburtstag sein wird. Doch ich habe mich getäuscht. Der 27. Februar hat alles verändert. Genau dieser Tag und die Stunden davor. Ich musste erwachsen werden innerhalb von Minuten, ich musste der Realität ins Auge schauen und ich musste kapieren, dass das Leben weitergeht, auch wenn ein Mensch, den man liebt, plötzlich nicht mehr da ist. Ich musste verstehen, innerhalb von Tagen, dass man am Ende für sich selbst verantwortlich ist und dass man aus Krisen nur alleine hinaus kommen kann. Ich habe aber auch erkannt, wie viel es bedeutet, Menschen um sich herum zu haben, die einen unterstützen und immer für einen da sind. Ich habe erkannt, wer meine wahren Freunde sind und wer einen verlässt in schweren Stunden. Ich habe gelernt auszusieben und auf andere

Dinge als die oberflächlichen zu schauen. Isabel, ich könnte dir noch viele Sachen aufzählen, die ich verstanden und kapiert habe, aber letztlich ist da trotzdem eines: Ein großes Loch, das du hinterlassen hast. Und an so Tagen wie heute wird es mir besonders bewusst. Ich sitze beim Kaffee mit meiner Familie und auf einmal fragt keiner mehr, wo du bist, was wir heute noch machen. Ich schlage die Geburtstagskarten auf und es stehen Sätze darin wie: „Liebe Laura, ich weiß, du hast dir diesen Tag ganz anders vorgestellt. Das Jahr hat in dir alles verändert, aber vertraue in das Leben. Es wird auch dir wieder schöne Momente bescheren. Du bist stark, das hast du nicht erst einmal bewiesen. Und Isabel wird immer bei dir sein. Ihr beide wart wie Zwillingsschwestern und daran wird auch der Tod nichts ändern. Lach heute, denn das würde sie auch machen."

Erwartet man an seinem 18. Geburtstag nicht andere Grußkarten? – Ja, es ist passend, aber trotzdem wäre es mir lieber, ich hätte eine andere Karte in der Hand, die ich dir neben mir sitzend zeigen könnte. Du fehlst mir und heute sitze ich wieder einmal da und weiß: Ich würde alles tun, um dich wenigstens noch einmal in meine Arme zu schließen. Ich würde alles hergeben, um noch einmal mit dir zu reden, dir in deine dunklen braunen Augen zu schauen und dich einmal noch im Arm zu halten. Ich würde alles tun, um dir noch einmal sagen zu können, wie wichtig du mir warst. Ich würde alles dafür tun, um noch einen einzigen Tag mit dir verbringen zu dürfen. Egal wo und wie. Aber ich weiß, dass ich nichts machen kann, dass mir dieser eine Wunsch erfüllt wird.

Immer wieder wurde ich die letzten Wochen gefragt, was ich mir zum Geburtstag wünsche. Izzy, da gab es nur eines: Dich noch einmal zu sehen. Ich wollte mich wenigstens richtig von dir verabschieden. Ich glaube, du hast dich von mir verabschiedest. Deine Worte am Tag vor deinem Tod waren ungewöhnlich, deine Sätze, deine Blicke – ich kannte dich so nicht und doch war es irgendwie vertraut, wenn auch komisch. Ich wusste, wie du fühlst, auch ohne, dass du es ausgesprochen hast. Ich glaube, du weißt auch, wie ich gefühlt habe. Trotzdem hätte ich es dir gerne einmal persönlich gesagt. Nur ein einziges Mal. Genau in dem Moment, als du gestorben bist. Ich wäre gerne bei dir gewesen, hätte gerne deine Hand gehalten und dir in die Augen geblickt. Ich hätte dir gerne gezeigt, dass du nicht alleine bist.

Ich sollte feiern heute und doch sitze ich hier und denke über solche Sachen nach – an meinem

18. Geburtstag. Aber das ist egal. Ich denke es werden noch Tage folgen in denen ich wieder feiern kann, laute Momente erlebe und auf den Putz haue. Im Moment passt es nicht und ich will das auch nicht und dann ist es auch gut so. Wenn es diese anderen Momente aber wieder geben wird, kannst du dir sicher sein, dass du in Gedanken für mich bei diesen Feiern dabei sein wirst. Ich werde für uns beide noch vieles erleben, das verspreche ich dir. Ich habe dir damals versprochen unsere Träume und Wünsche zu leben und das werde ich jetzt tun. Isabel, wir wollten etwas verändern und ich werde das machen. Für dich und für mich. Ich werde in meinem neuen Lebensjahr das Abitur wieder angehen, den Führerschein machen und ich werde wieder versuchen ins Leben zu finden. Hilf mir bitte, unterstütz mich und komm ganz oft vorbei und berühr mich so, wie du es heute Nacht getan hast, denn das gibt mir Kraft. Ich wische mir jetzt meine Tränen aus dem Gesicht, werde ins Bett gehen und das Leben wieder anpacken. Zusammen mit dir. Hilfst du mir? Du könntest ja jeden Morgen und jeden Abend mal als Seelenstreichler fungieren! Du könntest ja ab und zu mal alles so lenken, dass es gut kommt. Kannst du das? Weißt du, seitdem du nicht mehr da bist, schaue ich immer in den Himmel zu den Sternen, wenn ich

mir etwas wünsche. Ich schaue da hoch und habe das Gefühl, ich erreiche dich und dann äußere ich meine Wünsche. Ich sage dir, was ich mir von ganzem Herzen wünsche und vorstelle und gebe es dann an dich ab. Und meist kamen die Dinge dann auch so. Fast als ob du dann alles daran gesetzt hättest, die Probleme in den Griff zu bekommen und wenn ich am nächsten Morgen aufwachte, sah die Welt schon anders aus. Kann es sein, dass wir immer noch ein gutes Team sind? Du eben auf der einen Seite, ich auf der anderen! Lass uns einfach so weitermachen. Das ist mein Fazit an meinem 18. Geburtstag, ok? Ich vertraue auf dich. Es wird schon alles gut…

Drei Monate nach deinem Tod:
Ich hab dir noch gar nicht von meinem Besuch beim Psychiater erzählt… Isabel, du hättest dich vor Lachen weggeschmissen. Meine Mama wollte unbedingt, dass ich professionelle Hilfe bekomme und hat sich lange informiert, wo sie mit mir hingehen konnte. Letztlich war es eine Psychologin direkt in der Stadt. Ich wollte erst nicht, ging dann aber mit ihr dorthin. Sie setzte mich direkt vor dem Haus ab und sagte, dass sie mich in einer Stunde wieder abholen würde. Ich ging die Treppen hoch und wäre am liebsten wieder umgedreht. Ich wusste, dass mir keiner helfen konnte, die einzige Person die das geschafft hätte,

wärst du gewesen. Aber warum sollte ich mit so einer Tante reden, die mit ihrem gelernten Kram auf mich einredet? Ich machte es trotzdem – meiner Mama zuliebe. Als ich in die Praxis kam, sagte ich meinen Namen an der Information und wurde gleich in den Behandlungsraum gerufen. Das war ein Raum, in dem eine Couch und ein Sessel standen.

Juhuu, würdest du jetzt wahrscheinlich rufen und laut lachen. So ging es mir nämlich auch. In der Mitte stand ein Tisch und da war eine Box mit Taschentüchern drauf. Ich setzte mich auf die Couch und wartete. Nach ein paar Minuten kam die Psychologin. Das war genau so eine, wie sie im Bilderbuch steht. Graue Haare, eine Brille und dieser tolle verständnisvolle Blick. Ich hatte mir aber vorgenommen keine Vorurteile zu haben und das durchzuziehen, also stand ich auf und gab ihr die Hand. Sie setzte sich mir gegenüber und schaute mich nur an. Ich wusste nicht so recht, was ich machen sollte und fühlte mich völlig unwohl. Also rutschte ich von einer Seite auf die andere.

„Laura, warum bist du denn hier?" fragte sie dann nach einer Ewigkeit.

„Naja, weil meine beste Freundin eben gestorben ist", erwiderte ich und ACHTUNG! Sie nahm sich ein Taschentuch und fing an zu weinen. Ich saß da und wusste nicht, was das jetzt sollte bis sie sagte: „Ja, ich habe von der Geschichte schon gehört, es tut mir so leid."

„Es geht schon, danke", sagte ich und wäre am liebsten wieder aufgestanden.

Ich sah dein Gesicht vor mir und wusste, dass du jetzt am liebsten lachen würdest. So wie ich in dem Moment auch. Aber das ging jetzt nicht. Also verkniff ich es mir. Die Stunde verlief dann gerade so weiter. Ich weinte nicht, aber die Psychologin fast die ganze Zeit. Wirklich erzählt habe ich auch nichts. Als sie sich dann verabschiedete, nahm sie mich in den Arm und meinte: „Komm bald wieder, du musst das rauslassen." Ich sagte nichts, ging zur Türe hinaus, setzte mich auf die Treppenstufen und find zum ersten Mal seit deinem Tod aus vollem Herz an zu lachen. Ich lachte und lachte und lachte. Bis meine Mama irgendwann kam, mich so fand und mitlachte, nachdem ich ihr erzählt habe, was passiert war. Isabel, wäre das nicht ein tolles Erlebnis für uns beide gewesen? Ich weiß, dass du bei mir warst in dieser Stunde und ich weiß, dass es dir genauso ging wie mir. Aber: Der Besuch hat etwas in mir bewirkt. Ich konnte wirklich zum ersten Mal ohne schlechtes Gewissen lachen. Und ich wusste, dass du neben mir warst und mitgelacht hast. Ich unterdrückte es nicht länger, weil ich meinte nicht mehr lachen zu dürfen, da du es nicht mehr konntest. Ich lachte für uns beide. Und danach hatte ich kein schlechtes Gewissen mehr. Bei der Psychologin war ich nicht mehr, aber an sich hat es ja etwas gebracht! Wenn auch auf sehr komische Art und Weise.

Nach drei Monaten und zwei Wochen: Isabel, ich vermisse dich so sehr. Heute habe ich so einen richtigen Rückfall. Ich will dich hier bei mir haben. Ich bin verzweifelt, kann nur weinen und würde alles machen, nur um dich bei mir zu haben. Ich weiß, dass im Moment nur du mich beruhigen könntest. Du müsstest mich noch nicht einmal in den Arm nehmen. Es würde schon genügen, wenn du im Türrahmen stehen würdest. Alleine dich zu sehen, in deine sanften Augen zu blicken, dein Lächeln zu sehen – das würde beruhigen und die Welt wieder ins Lot bringen. Du hast es immer alleine mit deiner Anwesenheit, deinen Blicken und deiner Art geschafft, mein Leben ins Gleichgewicht zu bringen. So aber liege ich auf meinem Bett und weine. Ich kann einfach nicht aufhören damit. Die Welt dreht sich nicht mehr seit du weg bist. Ich habe das Gefühl, dass sich nichts getan hat seit dem Tag, als du gestorben bist. Es kommt mir vor, als hätte ich die Zeit irgendwie überbrückt hat, aber gelebt habe ich nicht. Schöne Momente? – Gab es die? Ich kann mich nicht daran erinnern. Es verschwimmt alles. Die einzigen Momente, die ich wirklich klar sehe, sind diese, in denen ich bei dir war. Die Stunden vor deinem Tod. Ich weiß noch jedes Wort, das du gesagt hast, jede Bewegung, die du gemacht hast und ich kenne jeden Blick, den du an diesem Tag abgegeben hast. Es ist wirklich komisch, aber oft kann man sich an einem normalen Tag doch an kaum etwas erinnern, aber irgendwie hab ich am 26. Februar 2001 alles in mich aufgesaugt. So sehr, dass es nie wieder verschwinden wird. Ich weiß, wie dein Zimmer aussah, was wo stand und auch jedes Gespräch, das ich an diesem Tag geführt habe. Jeder einzelne Satz ist präsent. Ist das normal? Warum war ich an dem Tag so aufmerksam? Habe ich unterbewusst auch gewusst, dass etwas passieren würde? Isabel, bitte komm zurück. Bitte beantworte mir all diese Fragen und nimm mich endlich zum Trösten in den Arm. Bitte sag mir, dass alles nur ein Scherz war, dass nichts davon passiert ist und dass du in der Zeit einfach mal in Köln zum Feiern warst. Bitte sag mir, dass du nie so schnell sterben würdest und bitte sag mir, dass wir noch ganz viele Jahre zusammen vor uns haben. Sag mir, dass ich die letzten Monate geträumt habe…

Vier Monate nach deinem Tod: Isabel, ich gehe wieder in die Schule und ich habe eine neue Freundschaft aufgebaut. Es ist merkwürdig, da kennt man Leute schon jahrelang und denkt, sie sind Freunde und in den schweren Stunden lassen sie dich dann trotzdem alleine. Das hatte ich nicht erwartet und es war eine schwere Lektion, die ich die vergangenen Monate lernen musste. Erinnerst du dich an die vielen Partys, die wir mit Melli, Janina und Anja gefeiert haben? Wir dachten beide immer, dass das tolle Freundinnen sind, doch sie haben sich nicht mehr gemeldet. Ich habe gehört, dass sie weiterhin weggehen. Das ist sehr traurig. Aber dafür gab es auch Überraschungen. Erinnerst du dich an Sandra? Mit ihr war ich zusammen in der Klasse. Wir beide haben sie mal in einer Disco getroffen und ich habe sie dir vorgestellt. Ihr habt euch auf Anhieb verstanden und jedes Mal, wenn wir sie dort wieder getroffen haben, hat sie mit uns gefeiert. Nie haben wir uns mit ihr außerhalb der Disco getroffen, nie habe ich mit ihr in der Schule geredet, doch als du gestorben bist, war sie die einzige, die normal mit mir umgegangen ist. Sie schrieb mir SMS und sie stand auch einfach vor der Tür und ließ nicht locker bis ich mich anzog und mit ihr etwas trinken gegangen bin. Sie hat mir die letzten Monate sehr viel zugehört, mich getröstet, in den Arm genommen oder mir auch einfach nur das Gefühl gegeben nicht alleine zu sein. Heute Abend war ich mit ihr im Biergarten. Das Wetter ist nämlich schon richtig schön für Juni. Da fällt mir gerade ein: Erinnerst du dich an die vielen Abende an denen wir dort waren und einfach gefeiert haben? Mann haben wir Blödsinn gemacht… Du wolltest nie nach Hause!! Och Isabel! Das war ne richtig tolle Zeit. Zurück zum Thema: Ich war heute mit Sandra in dem Biergarten und wir haben über Urlaub gesprochen. Ich habe ihr erzählt, was wir geplant hatten – bis du gestorben bist. Und da sagte sie mir, dass sie gerne mal wieder wegfahren würde und ich ging drauf ein. Und naja, jetzt haben wir überlegt, ob wir nächsten Monat zusammen Urlaub machen. Aber Isabel, ich weiß nicht so recht. Wir beide wollten doch immer zusammen weg. Mit ihr kann es nie so werden wie mit dir… Was soll ich denn jetzt machen? Ich weiß es einfach nicht. Soll ich fahren oder nicht? Was ist, wenn ich dann aber dort sitze und nur an dich denke? Was, wenn ich ihr mit meiner Trauer total auf die Nerven gehe? Was, wenn das ein komplettes Desaster wird? Sag mir, was ich machen soll… Wahrscheinlich würdest du jetzt sagen: „Laura, stell dich nicht so an. Geh einfach und nimm den Tag, wie er wird. Und wenn es blöd ist, dann lach einfach. Mit Humor ist alles leichter." So warst du nämlich immer.

Im Urlaub: Hallo Izzy, ich sitze gerade in Spanien auf einem Balkon und denke an dich. Von hier aus kann ich direkt zum Meer schauen und es ist wunderschön. Es hätte dir auch gefallen. Du würdest jetzt sicherlich am Strand herumhüpfen vor lauter Freude. Du hast Recht gehabt, ich brauche mir keine Sorgen wegen Sandra zu machen. Sie akzeptiert mich einfach, wie ich bin und nimmt mich in den Arm, wenn ich abends auf das Meer blicke und an dich denke. Sie lacht mit, wenn ich ihr Geschichten aus unserer Zeit erzähle und geht mit mir feiern, wenn ich das will. Und es tut gut, mal weg zu sein. Weißt du Isabel, das Leben geht weiter. Das erkenne ich hier zum ersten Mal.

Ja, du bist nicht mehr dabei, aber ich bin noch hier und ich kann trotzdem für uns beide das Leben leben und die schönen Momente genießen. Du bist dabei. Das wissen wir beide. Und: Ist das nicht schön? Ich muss Schluss machen, wir gehen jetzt in so ne Bar. Die hättest du Klasse gefunden… Du bist in meinen Gedanken dabei. Anfangs warst du das immer zu sehr. Die Gedanken an dich haben mir die Luft zum Atmen genommen und mich vergessen lassen, dass es auch Schönes auf der Welt gibt. Jetzt habe ich das endlich erkannt und ich denke, dass dein Tod auch ein Neuanfang für mich sein kann. Der Beginn zu einem neuen Leben. Und dieser Neuanfang beginnt jetzt. Loslassen kann ich dich noch lange nicht, aber ich kann vieles anders sehen. Und ich kann weiterleben. Das erkenne ich hier in Spanien.

Gedanken ein paar Stunden später in der Disco: Mann, das wäre eine Party für dich gewesen. Ich glaube du hättest gar nicht mehr nach Hause gehen wollen. Ich wünschte, du wärst jetzt hier. Schau dir mal die Bar an? – So richtig toll futuristisch gemacht! Die Sessel im Eck sehen echt gemütlich aus und der Swimmingpool vom Hotel nebendran ist der Clou. Anstatt einer Mauer wurde einfach eine Glaswand eingebaut. Das sieht megamäßig aus. Findest du nicht auch? Ich glaube, ich gehe mir mal noch etwas zu trinken holen. Was meinst du? Lieber einen Cocktail oder ein Wodka Orange? Ich kann mich einfach nicht entscheiden… Du hast Recht! Ich nehme gleich beides! Schließlich will ich ja noch eine Weile hier bleiben. Ich war schon lange nicht mehr richtig weg, merke ich gerade. Ich glaube, das letzte Mal war es mit dir. Erinnerst du dich an unsere tolle Silvester-Party in diesem Jahr? Erstmal sind wir bei dir daheim herumgesessen und haben mit Tina gefeiert, bis wir dann durch die komplette Stadt gelaufen sind zur Disco. Und all das nur, weil wir dachten, wir hätten den Bus verpasst. Haben wir aber nicht. Ein paar Minuten später ist er an uns vorbei gefahren. Aber: Stell dir mal vor, wir wären wirklich mit dem Bus gefahren? Dann hätten wir einiges verpasst. Wir haben viel Blödsinn gemacht und unseren Proviant, die zwei Falschen Wodka Orange und viele Süßigkeiten niedergemacht. Ganz gemütlich, an verschiedenen Ecken und Enden in der Stadt. Ich glaube, wir haben mehr Pausen gemacht, als dass wir gelaufen sind. Aber genau das war ja das Schöne an dem Abend. Am Ende waren wir fast zwei geschlagene Stunden unterwegs, bis wir endlich an unserem Ziel angekommen waren. Und dort war die Party in vollem Gang. Wir waren aber auch schon in bester Stimmung. „Heute ist Silvester, heute hauen wir auf den Putz", hast du gesagt und bist zu Bekannten auf die Theke geklettert. Du wolltest tanzen. Ich blieb erstmal auf dem Boden, holte mir noch etwas zu trinken, doch du hast immer weiter gedrängelt, bis auch ich auf die Theke sprang. Und dann haben wir einfach gefeiert. Ganz ausgelassen und zufrieden. Es war toll. Fast so, als ob es kein Morgen gäbe und wir genossen einfach nur den heutigen Abend.

Um kurz vor zwölf sind wir dann nach draußen gegangen, um das Feuerwerk zu sehen. Punkt null Uhr bist du zu mir gekommen, hast mich ganz fest in den Arm genommen und mir ins Ohr geflüstert: „Letztes Silvester haben wir wegen unserem Streit nicht zusammen verbracht. Ich habe dir nie gesagt, dass es das blödeste Silvester war, was ich je hatte. Ich hoffe, dass wir ab sofort all unsere Silvester zusammen feiern werden. Weißt du Laura, es tut mir leid, wie ich mich damals verhalten habe, wir haben viel wertvolle Zeit verloren. Du bist der wichtigste Mensch in meinem Leben und ich hab dich sehr lieb. Ich wünsche dir, mir und vor allem uns beiden zusammen ein tolles Jahr."

Isabel, damit hast du mich sprachlos gemacht. Ich glaube, das hast du gemerkt. Ich konnte nur eines sagen: „Ich habe dich auch so lieb!" Selten hast du mich so sehr berührt wie mit diesen Worten. Sie überhaupt einmal von dir zu hören war unglaublich. Ich wusste vieles davon, aber ich war mir sicher, dass du mir niemals etwas in der Richtung sagen würdest. Du hast mich noch einmal ganz zärtlich angesehen und wir haben mit unserem Sektglas angestoßen, bevor du dich wieder der Party gewidmet hast. Wir sind nach innen und haben bis in die frühen Morgenstunden gefeiert.

Am nächsten Tag waren wir so fertig, dass wir den ganzen Tag zusammen im Bett verbracht haben. Zwei Mal sind wir aufgestanden, um etwas zu essen, aber weiter haben wir es nicht geschafft. Aber sogar das war richtig toll und es hat zu der Party dazu gehört. Ich glaube, morgen wird es mir ähnlich gehen, denn auch heute möchte ich mal wieder so richtig feiern. Die Musik ist toll, die Stimmung sowieso und Sandra tanzt hier die ganze Zeit herum und lernt neue Leute kennen. Ich muss eigentlich nur dasitzen und gemütlich etwas trinken und sie kommt mit verschiedenen Leuten an. Das ist wirklich lustig. Aber: Ich glaube den ganzen Tag im Bett verbringen kann ich morgen doch nicht, ich will ja auch etwas vom Strand und vom Meer haben. Was würdest du denn jetzt machen? – Ach, was für eine Frage! Für dich gab es ja immer nur das Jetzt! Du hast eigentlich nie an den nächsten Tag oder die Folgen eines tollen Abends (Kopfschmerzen, Übelkeit, Müdigkeit – einfach ein heftiger Kater!!) gedacht. Du hast alles einfach genossen und fröhlich gefeiert. Und genau das habe ich eigentlich immer an dir bewundert, auch wenn ich nicht ganz so danach handeln konnte. Aber weißt du was, jetzt mache ich das mal. Es wird Zeit… Würde mich freuen, wenn du noch eine Weile hier bleibst, denn ich spüre, dass du mit dabei bist. Ich spüre deine Anwesenheit ganz deutlich. Also lass uns zusammen mal wieder richtig ausgelassen sein ohne an das Morgen zu denken. Es ist doch toll hier, oder nicht? Ich probier mal den Tequila Sunrise…

Im Bus auf der Heimfahrt vom Urlaub: So, jetzt bin ich wieder auf dem Weg nach Hause. Eine Woche Auszeit ist vorbei und sie war wirklich schön und hat gut getan. Gerade ist es mitten in der Nacht und alle im Bus schlafen, aber ich kann es nicht. Ich muss an dich denken, wenn ich aus dem Fenster in die Nacht schaue. Denn jetzt erwartet mich wieder viel Tristes zu Hause. Ich sehe all die Plätze, an denen wir gemeinsam waren. Ich komme wieder zurück in mein altes Leben, das ohne dich leer ist. Die letzte Woche war eine Auszeit, eine tolle Ablenkung. Ich habe mich aber auch deshalb anders gefühlt, weil es nicht mein gewohntes Umfeld war, weil alles neu war und dazu noch phantastisches Wetter. Sandra und ich waren viel einkaufen, am Strand und am Meer, aber wir saßen auch viel auf unserem Balkon und haben geredet. Wenn wir dann noch Lust hatten, sind wir ausgegangen. Es war schön, irgendwie unbeschwert, unbelastet. Aber ich glaube, wenn ich zuhause bin, ist das wieder anders. Wenn ich in unserem Hotel auf dem Balkon stand, habe ich auch an dich gedacht, aber irgendwie war es ein anderes an dich denken als die Monate davor. Vielleicht kann ich ein bisschen von meiner Zuversicht, die ich dort hatte, ja auch mitnehmen in den Alltag. Das wäre schön. Oh, Mann Isabel, vor mir sitzt einer, der schnarcht voll. Das nervt wirklich. Du fandest Bus oder Zug fahren ja immer ganz toll, aber ich nicht so besonders. Und jetzt weiß ich wieder warum. Vor mir schnarcht jemand, die Kinder hinter mir meckern dauernd und eine Familie rechts von mir isst durchgehend so komische Sachen, die total stinken. Da fällt mir gerade ein: Erinnerst du dich an unsere Zugfahrt zu dem Fußballspiel, bei dem wir letztlich an einem Bahnhof herumsaßen, an dem kein Zug mehr nach Hause fuhr? Schon die Hinfahrt mittags war voll chaotisch – der Zug überfüllt, wir beide ohne Plan, wo wir aussteigen mussten und dazu noch ein Schaffner, der uns das auch nicht erklären konnte. Also sind wir einfach mal ausgestiegen, als wir dachten, das wäre die richtige Station. Isabel, ich glaube immer noch, dass das nicht stimmt! Egal, was du sagst! Es gab bestimmt noch einen näheren Weg! Egal, ich fand es dann lustig, wie wir da am Bahnhof in einem kleinen Dorf standen, das total ausgestorben war. Also sind wir beide dann einfach mal losgelaufen. In irgendeine Richtung. Wir wussten ja sowieso nicht, welches der richtige Weg war. Aber man glaubt es kaum: Wir sind im Stadion angekommen. Zwar völlig fertig, aber wir hatten es geschafft. Das Beste kam jedoch noch: Ein Bekannter wollte uns nach dem Spiel mit nach Hause nehmen, aber du liebe Isabel, wolltest lieber wieder mit dem Zug fahren. Also hat er uns wenigstens zum Bahnhof gebracht. Wenn ich jetzt daran denke, könnte ich schon wieder lachen. Denn: Kaum war er weg, haben wir bemerkt, dass in dem Kuhdorf an diesem Tag kein Zug mehr fuhr. Oh, wie gerne hätte ich dich da angeschrieen, aber ich konnte es nicht, denn du hast dich schon kaum mehr getraut, mich anzuschauen. Und als du es doch getan hast, mussten wir beide lachen. Letzten Endes sind wir dann mit dem Bus (und drei Mal umsteigen!!!) wieder nach Hause gekommen.

Ach Isabel, das war schon lustig und auch ganz schön abenteuerlustig. Ich glaube, unsere Eltern haben sich zu dieser Zeit schon öfters Sorgen um uns gemacht. Ich wünschte, deine Mama könnte sich auch jetzt noch Sorgen um dich machen. Sorgen machen, wenn wir beide wieder zu spät nach Hause kommen oder so. Erinnerst dich noch an unsere tolle Ausrede, als wir nach der Disco mal mit zwei Stunden Verspätung zu Hause eingetroffen sind? Als erstes hast du gesagt, du hättest deinen Personalausweis verloren und den mussten wir suchen. Als wir dann endlich einen Fahrer hatten, musste der erst noch jemand anderen nach Hause bringen und dann waren wir auch noch in einer Polizeikontrolle. Und als sie uns das nicht geglaubt hat, hast du ihren Autoschlüssel genommen und wolltest ihr die Kontrolle zeigen. Das hat sie letztlich überzeugt. Aber… du… Isabel… ich habe ihr inzwischen erzählt, dass es gar keine Polizeikontrolle gab. Sie musste lachen. Meinst du das hätte sie damals auch? – Ich glaube nicht. Aber heute ist das alles so unwichtig. Wichtig war, dass du da warst.

Morgen werde ich mal wieder bei deiner Familie vorbei gehen und schauen, wie es ihnen geht. Ich werde ihnen etwas vom Urlaub erzählen und auch davon, dass du überall dabei warst. In meinen Gedanken und irgendwie auch anders. Kann es nicht erklären, ist ein Gefühl. Ich bin mir aber sicher, dass sie sich freuen werden. Jetzt aber werde ich weiter aus dem Fenster in die Nacht schauen. Isabel, ich vermisse dich und ich wünschte, du würdest mit mir hier im Bus sitzen, denn schließlich hatten wir unseren Sommerurlaub schon zusammen geplant. Ich werde weiter an dich denken und mir damit die Zeit vertreiben. Die Busfahrt dauert, glaube ich, noch so an die acht Stunden. Isabel? – Wenn du das hier gerade alles mitbekommen hast da oben in deinem Himmel, würdest du mir dann einen Gefallen tun? Ich drücke deinen Teddybär jetzt auch ganz fest an mich… Würdest du dafür sorgen, dass der Aufprall zu Hause nicht allzu hart wird? Kannst du schon einmal nachschauen, dass dort alles gut ist? Und kannst du weiter so nah bei mir sein, wie du es die vergangene Woche warst? Das tut irgendwie gut.

Nach etwa fünf Monaten: Heute ist ein Freudentag. Ich habe meinen Führerschein!! Ich weiß, du wärst jetzt im Dreieck gesprungen, hättest mich in den Arm genommen und herumgeschrieen. Wir hätten eine Flasche Sekt aufgemacht und erstmal angestoßen. So viele Fahrstunden habe ich ja nicht mehr gebraucht, da ich die meisten schon vor deinem Tod gemacht hatte, ebenso wie die theoretische Prüfung. Und ja, was soll ich sagen. Ich habe mich endlich einmal aufgerafft und bin zu den letzten Übungsstunden gegangen und jetzt halte ich den Führerschein in der Hand. Ich freue mich sehr, wenn auch meine Stimmung etwas getrübt ist. Mit wem soll ich denn jetzt zehn Mal durch die Stadt fahren und den Schein feiern? Also, mit meiner Mama will ich das nicht! Ich wollte das mit dir machen! Aber meine erste Fahrt werde ich jetzt doch gleich machen: Und zwar zum Friedhof. Ja Isabel, heute komme ich nicht mit dem Bus oder zu Fuß, sondern mit meinem eigenen Auto. Also bis gleich!

Ein paar Stunden später: Ich war vorhin bei dir am Grab, Izzy. Wieder einmal hat die Sonne geschienen, als ich dort war. Es war ganz friedlich. Doch diesmal war ich nicht alleine. Deine Schwester war auch dort. Sie ist selten bei dir auf dem Friedhof. Nicht, weil sie nicht an dich denkt oder nicht um dich trauert, sondern weil es ihr sehr schwer fällt. Sie denkt an dich, jeden Tag, jede Minute – aber dort, wo sie gerade ist. Sie versucht sich abzulenken, um so ihren Schmerz auszuhalten. Ich habe sie in den Arm genommen, als ich sie gesehen habe und zusammen sind wir eine Weile schweigend nebeneinander gestanden. Bis ich anfing mit dir zu reden, dann stieg sie darauf ein. Wir standen beide am Grab und haben uns mit dir unterhalten.

„Isabel, ich habe meinen Führerschein!"

„Das ist ja super. Isabel, hast du gehört? Laura hat es geschafft! Mann hättet ihr beide heute gefeiert!"

„Wir wären durch die ganze Stadt gefahren. Immer und immer wieder."

„Bis ihr Hunger bekommen hättet und nach Hause gekommen wärt."

„Nein, wahrscheinlich wären wir zum Mc Drive gefahren", sagte ich.

„Oh ja, wahrscheinlich hättet ihr das gleich drei Mal gemacht, so vernarrt wie ihr beide da immer drauf seid."

„Isabel, mit wem fahre ich jetzt alle diese Strecken ab? Du fehlst…"

Ich konnte meine Tränen nicht zurück halten. Deine Schwester hat mich nur angeschaut, mir ihre Hand hingehalten und gesagt: „Aber ich bin noch da!"
Und wir haben uns umgedreht und sind ins Auto gestiegen. Stell dir vor, wir haben alle deine Lieblingslieder angehört und mitgesungen, sind zum Mc Drive gefahren und haben uns etwas zu essen bestellt. Wir sind an all die Stellen gefahren, die dir etwas bedeutet haben und am Ende waren wir wieder am Friedhof. Wir haben dir von allem noch einmal erzählt. Danach habe ich deine Schwester nach Hause gebracht und jetzt sitze ich hier auf meinem Bett und denke wieder an dich. Wie so oft an allen Tagen. Besonders an so Tagen wie heute, die mir etwas bedeuten. An Tagen wie diesen wünsche ich mir dich so sehr zurück, dass es schon schmerzt. Es ist einfach nicht das gleiche ohne dich. Es war sehr schön heute mit deiner Schwester und ich bin so froh, dass ich all diese Menschen um mich herum habe, die mir versuchen zu helfen oder die auch einfach nur sie selbst sind. Es tut gut mit deiner Familie einfach ganz normal über dich reden zu können. Es tut gut, nicht komisch angeschaut zu werden oder mitleidig, weil mir etwas von dir einfällt. Es ist toll zu sehen, wie die anderen dann mit einsteigen und auch etwas von dir erzählen. Das schwierige in dem normalen Leben heute ist,

dass es für viele nicht normal ist, wenn ich etwas von dir erzähle. Dabei ist das doch gar nicht schlecht. Wäre es nicht schlimm, wenn ich die letzten Jahre einfach vergessen hätte und mich nicht mehr daran erinnern würde? Wenn ich sie einfach ausblenden würde? Die anderen haben ihre letzten Jahre doch auch nicht vergessen und erzählen davon. Doch: Wenn mir etwas Lustiges einfällt und ich anfange zu erzählen und dann die mitleidigen Reaktionen sehe, würde ich mich am liebsten wieder umdrehen und den Raum verlassen. Ich weiß ja, dass sie das nicht böse meinen, aber es ist, als ob man nicht normal behandelt wird. Es gibt nur wenige Menschen, die das können und die mich auch einfach darauf ansprechen. Die mitlachen und nachfragen. Menschen, die verstehen, dass das eben meine Vergangenheit ist. Diese gehört zu mir – ob gewollt oder nicht gewollt.

Isabel, ich habe durch deinen Tod wirklich einiges gelernt, vor allem über Freundschaft. Es gab viele, die wir zu unseren wahren Freunde gezählt haben, die sich aber als das Gegenteil entpuppt haben. Aber es gibt auch die schönen Überraschungen. Zum Glück. Ich glaube, wenn man jung ist, achtet man auf andere Dinge in einer Freundschaft als später. Dann achtet man darauf, die Person wirklich zu kennen und nicht ihre Partygewohnheiten oder ihre Schminkkenntnisse. Ich habe gelernt vorsichtig zu sein, nicht jedem auf Anhieb zu vertrauen, der nett zu sein scheint. Ich habe gelernt, dass man sich in Menschen täuschen kann und ich habe gelernt, dass andere Menschen einen zweiten Blick wert sind. Vorschnell urteilen kann ganz schön in die Hose gehen. Aber alles in allem habe ich auch gelernt und gemerkt, dass ich Menschen um mich herum habe, die mich lieben und die hinter mir stehen. Menschen auf die man sich immer verlassen kann und die einen auffangen, wenn man fällt. Menschen, die einen so lange festhalten, bis man wieder alleine laufen kann. Das ist schön und solch eine Erfahrung sollte jeder einmal machen, wenn auch unter anderen Vorzeichen. Das, was passiert ist, hat mich den Menschen, an die ich gerade denke, näher gebracht und irgendwie auch zusammen geschweißt. Ich bin mir zum Beispiel sicher, dass deine Familie immer ein Teil von meinem Leben sein wird. Sie werden immer dazu gehören und einen Platz darin haben. Deine Eltern, aber auch deine zwei Schwestern. Und auf die Zeit mit ihnen freue ich mich. Auch wenn ich mich noch mehr freuen würde, wenn du jetzt hier wärst und wir noch einmal ins Auto steigen könnten, um durch die Gegend zu fahren. Oder auch einfach nur dasitzen. Es würde mir schon genügen, dich neben mir zu haben, anschauen zu können und mit dir reden zu können. So, wie ich es jetzt in Gedanken tue. Nur leider ohne reale Antwort. Jemand hat mal zu mir gesagt, dass ich nur in mich hineinhorchen muss und deine Antworten höre. Ja Isabel, das tue ich, aber trotzdem wäre es schöner deine Stimme zu hören. Denn oft habe ich Angst, den Klang zu verlieren. Ebenso wie dein Gesicht. Ich möchte das auch weiter vor mir sehen können, wenn ich die Augen schließe. Manchmal, wenn ich ganz arg Angst davor bekomme, nehme ich ein Bild von dir und meinen Anrufbeantworter, denn da ist deine Stimme noch drauf und sofort habe ich meine Erinnerungen wieder ganz nah bei mir. Und dich! Süße, ich werde jetzt schlafen gehen. Und morgen fahre ich wieder mit dem Auto durch die Stadt. Darauf freue ich mich. Ich werde Friedhofskerzen kaufen gehen und sie zu dir bringen.

Einen Tag später: Heute war ich ganz viele Kerzen für dein Grab kaufen. Diese roten für den Friedhof mit einem Deckel darauf. Aber ich finde, die sehen immer so trostlos aus, also habe ich mir auch einen Edding gekauft und die Kerzen „verschönert". Ich habe dir kleine Sprüche darauf hinterlassen und dir einige Herzen und Blümchen darauf gemalt. „Ich vermisse dich", „Du wirst immer in unseren Herzen sein", „Du fehlst mir", „Ich hab dich lieb" oder „Der Tod kann nicht alles kaputt machen" steht zum Beispiel jetzt drauf. Ich hoffe dir gefallen die Kerzen. Das Problem ist, dass da oben oft ein starker Wind geht, so dass die Kerzen trotz Deckel nicht lange brennen bleiben. Sag mal, gibt's im Himmel bei euch auch Kerzen? Irgendwie stellt man sich das ja immer ganz hell und erleuchtet vor dort oben. Ich zumindest. Ich glaube kaum, dass es im Himmel Lampen oder Deckenfluter gibt – warum sollte es dann Kerzen geben? Schlaft ihr dort eigentlich auch? Weil, wenn es immer hell ist und wenn es einem immer gut geht, muss man ja nicht unbedingt schlafen. Vielleicht braucht ihr Schlaf dort ja gar nicht. Wobei du das immer so gerne gemocht hast… Hmmm… Kerzen passen da auf jeden Fall nicht hin. Aber falls doch, dann gib Bescheid, dann besorge ich noch mehr.

Nach sechs Monaten: Auch heute ist alles noch schwer. Auch, wenn sechs Monate vergangen sind, heißt das nicht, dass ich weniger über das Geschehene nachdenke. Die Schmerzen sind da, doch sie verheilen langsam zu Narben. Aber auch Narben können wehtun, sehr wehtun und vor allem immer wieder aufreißen. Gefühle sind schwer zu beschreiben. Sie sind ein Mysterium, mit Worten kann man anderen oft nicht beschreiben, was man fühlt. Sie müssten alles selber erleben, um zu wissen, wie sich diese Schmerzen anfühlen. Izzy, ich bin mir sicher, dass du wüsstest, wie ich jetzt fühle, denn du kanntest mich so gut, wie dich selbst. Deine Seele war meine Seele. Und genau aus diesem Grund wirst du immer weiterleben. In mir! Für alle Ewigkeit! Und ich bin mir sicher, wenn ich sterbe, werde ich als erstes dich wieder sehen. Du wirst mich mit einer großen Party empfangen. Und dann wird die Welt stillstehen und wir werden nicht mitbekommen, was um uns herum geschieht, weil unsere Umarmung alles andere auslöscht. Wir beide werden endlich wieder zusammen sein. Und dann kann uns endgültig nichts mehr trennen! Dann werden wir für alle Ewigkeit zusammen bleiben dürfen!

Ein paar Tage später: Isabel, heute bin ich an der Tankstelle vorbei gefahren, an der wir uns an unserem letzten gemeinsamen Abend ein Desperados geholt haben. Es ist komisch. Ich bin schon oft daran vorbeigefahren seit deinem Tod und nie habe ich dabei an dich denken müssen. Heute aber sehr. Ich saß im Auto und habe mich an die Momente damals erinnert, an dich, Tommy und Jan und an dein Lachen. Zur gleichen Zeit hat die Sonne geschienen und im Auto kam „I want it that way" von den Backstreet Boys, eines deiner

Lieblingslieder. Weißt du noch, wie du bei dem Song immer durch dein Zimmer getanzt bist? Dir war völlig egal, wie bescheuert du dabei ausgesehen hast, du hast einfach Spaß gehabt. Das war toll und sehr, sehr lustig. Danach haben wir immer lange lachen müssen. Die CD habe ich heute noch und ich höre sie gerne. Auch daran habe ich vorhin denken müssen.

Und weißt du was: Die Erinnerungen waren schön, sie haben mich glücklich gemacht. Ich saß im Auto, habe geschmunzelt, das Radio lauter gedreht und dann mit Leib und Seele mitgesungen. Ich glaube, wenn mich jemand gesehen hat, dann hat derjenige auch lachen müssen. Hast du mich gesehen? Und hast du wieder ganz laut mitgesungen? Wenn ja, dann habe ich dich durch das Lied wahrscheinlich wieder auf eine deiner verrückten Ideen gebracht: deine Lieder-Wunschmix-Stunde. In dieser Stunde hast du immer alle deine Lieblingslieder herausgesucht. Allein schon die Vorbereitung von dir war zum Schießen. Du hast alle deine CD`s in der Wohnung zusammengesucht und sie auf deinem Fußboden ausgebreitet. Wenn du dann Lieder ausgewählt hattest, hat es wieder eine Ewigkeit gedauert, bis du dich für eine Reihenfolge entschieden hast. „Hallo? – Ich kann doch nicht eine Schnulze nach der anderen hören, da muss auch mal ein stimmungsvolles Lied zwischendrin sein!! Sonst versaut mir das die Laune!" hast du immer gesagt. Aber ich glaube, das wäre gar nicht gegangen. Denn trotzdem kamen manchmal mehrere Schnulzen nacheinander und deine Stimmung war bestens, liebe Isabel!!! Wenn du dich endlich entschieden hattest, hast du die Lieder auf volle Lautstärke gedreht und dann aus Leibeskräften mitgesungen. Danach warst du zwar völlig erschöpft, aber glücklich und zufrieden. Du hast gestrahlt. Und das habe ich heute nach diesem Song auch. Es war einfach schön, mich an einem ganz normalen Tag bei einer ganz alltäglichen Autofahrt an dich zu erinnern und zu lächeln. Ich stelle fest, dass es schön sein kann, an dich zu denken. Und dass es mich nicht immer nur traurig macht, wie es das am Anfang getan hat. Irgendwie ist es wie mit einem Geschenk, das man bekommt und das einen lächeln lässt, einem warm werden lässt ums Herz. Ich bin heute einfach mal abgebogen und zu dir auf den Friedhof gefahren, habe eine Kerze aufgestellt und darauf mit meinem Edding geschrieben: „Ich weiß, dass du immer noch da bist!"

Nach acht Monaten: Heute sind etwas über acht Monate vergangen und ich komme mal wieder zum Schreiben. Eher gesagt, ich habe mal wieder Lust und Kraft dazu. Die letzten paar Wochen waren wieder sehr schwer. Wenn ich sehe, was ich vor zwei Monaten geschrieben habe, merke ich nur, dass es mir da erheblich besser ging. Wie gesagt, die letzten Wochen ging es mir wieder ziemlich schlecht. Es verging keine Stunde, in der ich nicht an dich denken musste, aber nicht dankbar oder froh, sondern wieder voller Schmerz. Anfangs wollte ich diese Gefühle nicht an mich heran lassen und alles einfach nur verdrängen, doch irgendwann ging es nicht mehr. Ich kam von der Schule heim, habe mich an den Tisch gesetzt und schon habe ich angefangen zu heulen. Die Tränen wollten gar nicht mehr aufhören. Ich wünschte mir so sehr, dass du wieder bei mir wärst. Ich wollte mit dir zusammen lachen, Spaß haben, aber auch weinen. Du fehlst mir bei der Arbeit. Einfach überall. Egal, wo hin ich auch gehe, überall entdecke ich deine Spuren und dort sind immer wieder Erinnerungen, die mich innerlich fast auffressen! Ich habe mir schon so oft gewünscht, einfach zu dir kommen zu können. Ich will wieder glücklich sein und nicht hier jeden Tag aufs Neue mit dem Schmerz kämpfen müssen. In letzter Zeit geht es mir so schlecht, dass ich noch nicht mal mehr an dein Grab gehen kann, obwohl ich mir geschworen habe, jeden Tag dort eine Kerze aufzustellen. Bislang hatte ich das durchgehalten, doch ich schaffe es momentan einfach nicht. Ich habe mich auch sehr von deiner Familie zurückgezogen, da die Schmerzen dort jedes Mal nur noch schlimmer sind. Und das, obwohl mir deine Familie genau soviel bedeutet wie meine eigene. Deine Schwestern sind auch meine. Ich fühle mich nun verantwortlich für die beiden, seitdem du nicht mehr da bist. Und das ist schön. Ich hoffe nur, ich komme bald wieder raus - raus diesem Loch. Isabel, ich werde kämpfen.... Das habe ich dir versprochen!

Zwei Wochen nach dem letzten Eintrag: Ich kämpfe! Ich kämpfe wirklich, aber es ist schwer Isabel. Ich weiß einfach nicht, was ich machen soll, um wieder lachen zu können. Ich weiß es gerade einfach nicht. Ich erledige zwar meine Aufgaben und gehe auch in die Schule, sowie in die Redaktion, um Texte zu schreiben, aber ich mache das alles mechanisch. Da ist keine Freude mit dabei, sondern einfach nur Leere. Und ich weiß verdammt noch mal nicht, wie ich diese füllen kann. Es fühlt sich alles so unwirklich, so falsch an, so, als ob mein richtiges Leben irgendwo da draußen auf mich wartet. Es ist wie durch eine Mauer von mir abgeschirmt. Ich weiß, dass es hinter der Mauer auf mich wartet, aber ich komme einfach nicht drüber. Eine Leiter habe ich nicht, andere Hilfsmittel auch nicht, um darüber zu gelangen. Ich habe Menschen um mich herum, die mir mit einer Räuberleiter helfen wollen über diese Mauer zu springen und die sich auch sehr anstrengen, doch die Mauer ist einfach zu hoch. Auch mit Hilfe! Ich suche nach einem Weg, ich probiere viele Vorschläge aus, doch irgendwie scheinen alle nicht die richtigen zu sein. Was soll ich nun tun? Ich möchte nicht mehr so weitermachen wie die letzten Wochen, ich möchte auch mal wieder glücklich sein können. Und zwar genau so, wie ich es mit dir war. Isabel, kannst du mir nicht helfen bei der Suche nach dem Weg? Kannst du mir nicht auf irgendeine Art und Weise zeigen, dass du da bist? Dass du an meiner Seite stehst? Bitte schick mir ein Zeichen!

Am nächsten Morgen: Danke meine Süße! Ich kann wieder lächeln. Mit deinem Besuch heute Nacht in meinen Träumen hast du mir das Lächeln zurückgegeben. Warum hast du so lange auf dich warten lassen? Ich habe dich doch schon oft gerufen... Isabel, das war unglaublich. So deutlich habe ich dich lange nicht mehr vor mir gesehen. Endlich habe ich dein Gesicht wieder ganz vor meinen Augen. So als würdest du real vor mir stehen. Weißt du, ich hatte oft Angst die letzte Zeit, dass ich dein Bild verliere, dein

Gesicht vergesse, vergesse, wie dunkel deine Augen manchmal waren. Doch jetzt ist es wieder da, genauso als würdest du vor mir stehen. Ich brauche mir keine Sorgen mehr machen. Und noch etwas ist da: Ich spüre deine Berührung noch. Du standest in meinem Traum hinter mir und ich wusste, dass du da bist. Ich habe uns beide gesehen wie von oben herab und als du deine Hand auf meine Schulter gelegt hast, habe ich diese Berührung so stark gespürt, dass ich es kaum beschreiben kann. Es war wie ein Blitzschlag.

Ein Stromschlag, der durch den ganzen Körper geht.

Und doch kann ich ganz genau sagen, wo dieses Gefühl ausgelöst wurde. Isabel, ich spüre deine Hand jetzt noch genau so auf meiner Schulter, wie wenn sie immer noch daliegen würde. Allein diese einzige Berührung gibt mir ungeheuer viel Kraft – und doch muss ich weinen. Vor Ergriffenheit, Berührtheit. Kannst du dir vorstellen, wie das ist, wenn man sich etwas von ganzem Herzen wünscht und auf einmal wird es wahr? – Ja, ich glaube das kannst du.

Jahrelang hast du dir gewünscht deinen leiblichen Vater kennen zu lernen und einmal mit ihm zu reden und als du das erste Mal mit ihm telefoniert hast, sind bei dir auch alle Dämme gebrochen. Ich erinnere mich noch daran, als ob es gestern gewesen wäre. Wie aufgeregt du warst, als du die Nummer in den Händen gehalten hast. Du warst völlig fertig und überfordert. Du hast gezittert, mich nur angeschaut und die ersten Tränen kamen. Danach haben wir tagelang darüber geredet, ob du anrufen sollst oder nicht. Und als du es schließlich doch gemacht hast, wolltest du, dass ich neben dir sitze und dich im Arm halte. Und das habe ich gemacht. Das ganze Telefonat über und auch danach. Lange danach. Izzy, ich weiß, wie aufwühlend das alles für dich war. Du hattest es dir so sehr gewünscht und auf einmal hast du seine Stimme gehört, ihm all deine Fragen stellen können. Ich selbst war damals auch durch den Wind, ich habe mit dir geweint, weil es auch mich sehr berührt hat. Doch das war nichts gegen das, was ich im Moment erlebe.

Süße, ich habe mir so oft gewünscht, dich vor mir zu sehen und dich einfach einmal berühren oder in den Arm nehmen zu können. Das sind mit die schmerzhaftesten Dinge im alltäglichen Leben. Ich wünsche mir das täglich so sehr, mein ganzer Körper schreit danach, dich nur noch einmal in den Arm zu nehmen. Und doch weiß ich, dass ich das nie wieder werde tun können. In Gedanken ja, aber leider nicht real. Doch diese Berührung heute Nacht in meinen

Träumen hatte etwas ganz Reales an sich. Wie schon gesagt, ich spüre deine Hand jetzt noch auf meiner Schulter. Ich spüre, wie du sie erst ganz sanft hinlegst und meine Schulter dann leicht drückst, um mir damit zu zeigen, dass du da bist. Und du lässt deine Hand liegen. Diese eine klitzekleine Berührung, die andere vielleicht gar nicht bemerken würden, ist für mich im Moment alles. Ich muss weinen, weil es so schön ist, diese Berührung zu spüren. Mir laufen Tränen über die Wangen, weil ich endlich das erlebt habe, was ich seit Monaten so sehr ersehne und ich weine, weil mir deine Hand Kraft gibt für die Zukunft. Ich weine, weil ich jetzt weiß, dass du wirklich da bist, dass du wirklich immer auf mich aufpassen wirst und, weil ich mir jetzt sicher bin, dass ich mein Leben nicht alleine weitergehen muss. Isabel, du hast mir heute Nacht so viel geschenkt. Ganz viel Kraft und Zuversicht. Der Morgen war anders als alle anderen in den vergangenen Monaten. Er war schön. Ich hatte das Gefühl, ich bin in meinem jetzigen Leben angekommen. Ich meine: Ok, es gäbe da etwas, was ich mir noch wünschen würde, aber: „Man kann doch nicht alles haben", hast du immer gesagt und gelacht. „Das Wichtigste ist, man hat Humor, dann geht alles andere schon", kam danach und dann hast du weiter gelacht. Und heute Morgen war es mir, als ob ich dein Lachen mal wieder gehört hätte und auch, als ob ich diese Worte endlich verstanden hätte. Ja, man kann nicht alles haben im Leben, das ist zwar schade, aber entweder man geht damit um oder man geht daran kaputt. Diese Wahl hat man. Und dass ich nicht daran kaputt gehen möchte haben wir beide ja immer gewusst, sonst hätte ich die letzten Monate nicht gekämpft. Und außerdem habe ich dir versprochen unsere Träume zu leben. Und das werde ich weiterhin machen. Das verspreche ich dir heute noch einmal. Ich werde jeden Morgen aufstehen und schauen, was ich heute machen kann. Ich werde nicht mehr warten, was der Tag bringt, sondern handeln. Denn das hier ist mein Leben Isabel. Ganz alleine meines. Mein Leben, das sich die letzten Monate hinter der Mauer versteckt hatte. Doch du hast mir heute Nacht eine Tür geöffnet und durch die kann ich nun gehen.

Ich sehe draußen die Sonne strahlen und ich sehe eine imaginäre To-do-Liste vor mir, die wir beide erstellt haben. Und ganz oben auf dieser Liste steht: Wieder ins Leben finden und es genießen! An zweiter Stelle stehen unsere Träume: Journalistin werden, die große Liebe und ein tolles Haus finden sowie ganz viele Partys feiern mit Freunden – auch wenn wir alt sind. Und an dritter Stelle steht: Das Leben so nehmen, wie es kommt. Mit allen Höhen und Tiefen. Doch: Die schönen Momente immer festhalten und ganz fest in dir drin aufbewahren, damit man immer davon zehren kann. Denn schlechte Momente werden noch kommen, das ist ganz klar, aber wenn man sich dann an die schönen Momente im Leben erinnern kann, wird vieles leichter.

Isabel, ich werde ab sofort jeden schönen Augenblick ganz fest in mir einschließen. Ich werde eine geheime Schatztruhe in meinem Herzen anlegen, in die ich all diese Augenblicke packe. Momentaufnahmen, die einen vor Glück strahlen und sogar weinen lassen, auch wenn sie schon eine Weile vorbei sind. Ich muss diese Schatztruhe dann nur öffnen und schon fühle ich mich gut, muss lächeln und das Tolle ist: Entweichen kann nichts, denn wenn etwas einmal in dieser Kiste landet, dann bleibt es dort. Ich werde nun ganz viele Augenblicke, die ich mit dir erlebt habe, in diese Schatztruhe packen und mit den Jahren werde ich hoffentlich noch ganz viele neue Schatz-Momente hinzufügen. Voll wird die Kiste zum Glück nicht, denn es kann nicht genug von solchen Momente geben. Das ist das Tolle an einer Schatzkiste. Sie passt sich ihrem Inhalt an. Immer werde ich diese Truhe nun öffnen können – egal, wo ich bin. Ich muss nur die Augen schließen und in mich hineinhorchen und schon sehe ich diese Stimmungs-Verbesserer, andere Seelenstreichler, wie du einer bist. Nur: Du bist ein großer, das sind kleine. Aber viele kleine Sachen werden irgendwann auch zu einer großen. Isabel, das, was ich mit dir erlebt habe, war etwas Großes und Fantastisches, doch jetzt ist es vorbei. Die Zeit ist vorbei. Unsere Zeit. Alles hat seine Zeit, heißt es so schön. Manche Liebenden finden nie zusammen, weil die Zeit nicht die richtige ist, manch andere finden zusammen, aber haben zu wenig Zeit zusammen. Wir hatten eine schöne Zeit zusammen und die kann uns keiner wegnehmen. Wir beide haben viel gemeinsam erlebt, sind aneinander gereift und haben voneinander gelernt. Wir beide haben vieles zusammen unternommen und vor allem haben wir erkannt, was wahre Freundschaft heißt. Nämlich: Bis zum Schluss für den anderen da zu sein und sich genauso um den anderen zu kümmern wie um sich selbst. Das haben wir beide getan und deshalb steht am Ende nicht unendliche Trauer, sondern die Erinnerung an eine wunderschöne Zeit. Eine Zeit, die mich geprägt und verändert hat, die mich vieles hat erkennen und lernen lassen und die mich aber auch stärker hat werden lassen. Isabel, ich bin mir sicher, dass ich reifer werde dadurch – oder es vielleicht auch schon bin. Und ich werde es mit dir sein, denn alleine werde ich nie wieder sein. In meinem Herzen trage ich dich und ganz viele Schatzkisten-Momente.

Silvester 2001 auf 2002: Ja, ich weiß, es ist Silvester und ich sollte irgendwo mit Freunden stehen und feiern anstatt alleine mit einem Block, einem Stift und Taschentüchern in meinem Zimmer zu sitzen, aber ich kann es nicht. Wie könnte ich das, nach allem, was in diesem Jahr passiert ist? Ein toller Anfang mit dir im Arm, super Mittage und Abende mit dir, gemeinsame Pläne und dann dein Tod, der Friedhof und unendliche Leere. Was folgte, war ein großer Kampf, um wieder ins Leben zu finden, viele Rückschläge und doch die Gewissheit, dass die Welt sich irgendwie weiter dreht. Auch ohne dich. Aber zum Feiern ist mir heute wirklich nicht zu mute. Wie könnte ich heute bei jemand anderem im Arm liegen um Mitternacht und zusammen mit demjenigen das Feuerwerk anschauen? Die einzige Person, an die ich an so einem Tag denken kann, bist du.

Ich könnte heute keine lauten Momente ertragen, ich brauche die stillen. Ich möchte alleine sein mit mir und meinen Erinnerungen. Ich will auch mit meiner Mum nicht reden oder mit deiner oder meiner Schwester, ich möchte einfach nur meine Ruhe. Ich möchte dasitzen und die weiße Wand anstarren dürfen. Ich möchte weinen können ohne dabei beobachtet zu werden. Ich möchte an dich denken können und unsere Momente nur zu zweit erleben. Ich möchte so vieles und all das alleine. Mit dir! Passend zu Silvester habe ich den Fernseher angestellt und es kommt „Dinner for one". Erinnerst du dich noch daran, als wir das nachgespielt haben? Uns war langweilig und saßen in deinem Zimmer. Es war ein heißer Tag und wir haben uns auf den Balkon an deinem Zimmer gesetzt. Du hast Wasserflaschen geholt und den Kellner nachgespielt. Ich konnte nicht mehr vor Lachen. Am Ende waren der Balkon, der Tisch und auch wir zum Teil nass – aber das war egal. Es war eine riesen Gaudi. Vor allem, wie du immer versucht hast, betrunken zu reden. Ich glaube wirklich, dass ich dieses Stück nie wieder anschauen kann ohne an dich zu denken. Passend zum Tag habe ich mir auch eine Flasche Sekt geholt, doch jetzt, glaube ich, wäre mir ein Wodka Orange lieber, denn das haben wir beide immer zusammen gerne getrunken. Seitdem du tot bist habe ich das nur noch ein einziges Mal getrunken und zwar im Urlaub, sonst nicht mehr. Ich habe mir in diesem Jahr übrigens vieles abgewöhnt. Vor allem das Lachen! Aber das kam von ganz alleine. Es verschwand am 27. Februar und seitdem versuche ich, es wieder zu entdecken. Doch das ist gar nicht so einfach, wenn man es einmal auf seinem Weg verloren hat. Stell dir vor, dir fällt in der Stadt ein Cent-Stück aus der Hosentasche. Bis du es an der Stelle wieder gefunden hast, sieht es auch nicht mehr ganz so frisch aus, es ist viel Dreck darüber hinweg geflogen oder viele Menschen sind darauf herum getrampelt. Aber du kannst das Cent-Stück einweichen und es zu neuem Glanz bringen, aber das kostet Arbeit. Und so geht es mir mit dem Lachen. Es wieder zu gewinnen kostet Arbeit.

Ach, es hat sich einfach so vieles verändert. Dein Tod hat so vieles verändert. Alles ist Arbeit gewesen in diesem Jahr. Anfangs fing es doch schon damit an, dass ich nichts essen, nicht schlafen und nicht aufstehen konnte. Es war harte Arbeit an mir selbst alleine das wieder hinzubekommen. Als ich das geschafft hatte, vergaß ich ab und zu sogar meine Haare zu waschen (lach nur meine Liebe…!!) oder Schuhe anzuziehen, weil ich in Gedanken immer bei dir war. Doch ich habe Fortschritte gemacht: Ich kann wieder aufstehen, duschen, mir etwas Richtiges anziehen und sogar etwas essen! Fantastisch, oder? Hör auf zu lachen, ich kann es hören… Spaß beiseite: Es war ein schwerer Weg, der Weg zurück ins Leben. Doch ich glaube, ich habe ihn gemeistert.

Ich gehe zur Schule, war im Urlaub, habe neue Freunde gefunden und ich habe wieder Ziele vor Augen. Ich habe das Vertrauen ins Leben wieder entdeckt, wenn auch nicht das Vertrauen zu Menschen, denn noch einmal so verletzt werden wie damals möchte ich nicht. Heute ist ein Tag der Besinnung für mich und ich glaube, dass Silvester das ab sofort auch für mich bleiben wird. Ein Tag, an dem ich zurück denke, an dem ich meine Schatzkiste im Inneren öffne und die schönen Momente betrachte. Ein Tag, an dem ich abrechne mit mir selbst. Und wenn ich in diesem Jahr abrechne, weiß ich, dass ich das Wichtigste in meinem Leben verloren, dafür aber auch viele Erfahrungen und viel Stärke dazu gewonnen habe. Ich kann lächeln, wenn auch unter Tränen, aber ich kann lächeln und ist das nicht ein guter Start ins neue Jahr? Ich brauche heute alle Seelenstreichler um mich herum, die es gibt. Damit ich gut in das kommende Jahr starten kann. Bist du da? Kannst du meine Seele und damit mich berühren? Kannst du mir wieder einmal Zuversicht mitgeben? Wenn nicht jetzt sofort, dann heute Nacht, wenn ich schlafe? Irgendwie kann ich mir nicht vorstellen, noch einmal laute Momente an

Silvester zu erleben. Ich habe das Gefühl, dass ich diese mit dir verbraucht habe. Komisch, oder?

27. Februar 2002: Heute lässt du bestimmt die Korken knallen, oder nicht? Ist euer Todestag da oben im Himmel so etwas wie hier der Geburtstag? Denn eigentlich seid ihr dort ja dann geboren, also müsste das ja ein Feiertag sein, so wie hier bei der Geburt. Ich glaube da jetzt einfach mal dran und schaue ich den Himmel und weine. Teils aus Trauer, weil heute hier unten auf der Erde eben dein erster Todestag ist und auf der anderen Seite aus Freude, weil ich mir vorstelle, wie du da oben in großem Kreise feierst und sagen würdest: „Ihr braucht nicht weinen. Hallo??? Ihr müsst feiern, das wisst ihr doch. Ich feiere auch. Und zwar eine megamäßig tolle, große, intergalaktische Party mit Gästen, die ich teilweise gar nicht kenne, aber das ist egal, weil es darum geht, dass die Party groß und toll wird." Isabel, ich war heute zwei Mal an deinem Grab. Das erste Mal gleich heute Morgen bevor ich in die Schule gegangen bin, um einfach bei dir zu sein und dann noch einmal in Ruhe nach der Schule. Da habe ich dir dann blaue Rosen mitgebracht. Die haben dir immer so gefallen. Und zudem habe ich dir einen Brief auf dein Grab gestellt. Ich habe viel geweint, obwohl ich wusste, dass du mir gesagt hättest: „Ich bin bei euch und passe auf euch auf. Ich versuche euch immer wieder spüren zu lassen, dass ich da bin. Also seid nicht so traurig. Ich sehe euch alle nicht gerne weinen. Du weißt: Lachen ist viel besser! Auch für das Immunsystem!" Bei diesem Gedanken musste ich wieder kurz lächeln. Bevor ich nach Hause gegangen bin, habe ich dir eine Kerze dagelassen mit der Aufschrift „Ein Jahr ohne dich – du fehlst immer noch jeden Tag".

Jetzt sind alle anderen schon im Bett und ich sitze trotzdem noch im Wohnzimmer, habe mir ein Glas Sekt eingeschenkt und schaue aus dem Fenster in die dunkle Nacht und in die Sterne. Da ist einer, der leuchtet ganz hell. Ich glaube auf dem sitzt du jetzt gerade. Du hast dich von der Party abgeseilt, um etwas Ruhe zu finden und schaust noch einmal nach uns allen. Du hast es dir bequem gemacht auf diesem Stern (piksen die eigentlich an den Seiten, also den Ecken?), ein Glas Sekt in der Hand so wie ich und du prostest uns zu. Und das mache ich jetzt auch. „Prost Isabel, wo immer du auch bist! Ich denke an dich, vermisse dich und wünschte, du wärst hier", sage ich laut. Ich hebe mein Glas, stoße imaginär mit dir an und trinke einen Schluck. Wahrscheinlich kannst du es innerlich kaum abwarten, wieder auf deine Party zu kommen, denn du hast es immer geliebt, zwischen vielen Menschen zu sein. Aber deine Familie und deine Freunde waren dir immer wichtiger als alles andere. Deshalb hast du dich gerade wohl abgeseilt, wie schon öfters am Tag. Denn: Nur wenn es uns gut geht, kannst du beruhigt feiern. Nicht wahr, Isabel? PAAAAARRRTYYY! Geh und feier! Genieße deinen Tag! Ich zumindest komme klar. Ich möchte einfach nur etwas nachdenken. Du weißt doch, dass ich schon immer ein kleines Denkerle war. „Jetzt hör auf, immer über alles zu grübeln", hast du oft zu mir gesagt und gelächelt, weil du wusstest, dass ich es doch nicht lassen konnte. Und das kann ich auch heute Abend nicht. Isabel – ein Jahr ohne dich. Weißt du, wie lange ein Jahr sein kann? Und vor allem, wie schwer? Ich glaube ich habe noch nie so starke Höhen und Tiefen erlebt wie in diesem einen Jahr, das nun vergangen ist. Ich habe viel Trauer erlebt, tiefe Verzweiflung, Hoffnungslosigkeit und Perspektivlosigkeit. Aber auch die anderen Seiten des Lebens. Ich habe zu spüren bekommen, was es heißt, Menschen an seiner Seite zu haben. Menschen, die einen auffangen und ein Netz bilden, durch das man nicht fallen kann. Ich habe zu spüren bekommen, dass einen die Sonne auch in schlechten Momenten wärmen kann und ihre Helligkeit Licht ins Dunkel bringt. Ich habe erkannt, dass, egal wie schlimm das Heute ist, es ein Morgen gibt und ich habe gesehen, dass ich wieder lachen, weggehen und Spaß haben kann. Das ist viel wert. Ich habe viele Erfahrungen gemacht und jede einzelne von ihnen macht mich stark, wird mich immer stark machen, denn ich weiß, dass nur ich alleine mich aus diesem Tal holen konnte und das habe ich von Tag zu Tag besser geschafft. Und damit habe ich mich selbst verblüfft.

Bist du auch etwas stolz auf mich Isabel? Sag jetzt bloß nicht nein! Schau mich lieber schmunzelnd an und nimm mich dann lachend in den Arm und sag mir, dass du sehr stolz auf mich bist. Das wäre deine Art gewesen und wenn ich jetzt hier sitze und die Augen schließe, kann ich spüren, wie du das machst. Es ist wirklich komisch und hört sich vielleicht verrückt an, aber immer, wenn ich die Augen schließe und ganz fest an dich denke, spüre ich dich. Ich weiß, was du sagen würdest, wie du schauen würdest und spüre deine Anwesenheit. Ich sehe dich richtig vor mir. Ob das auch in ein paar Jahren noch so ist? Oder ob dein Bild dann immer unklarer wird? Ich hoffe es nicht, denn es ist schön, so einen Schutzengel zu haben. Denn als das sehe ich dich. Als Schutzengel, den ich aber auch einmal kennen lernen durfte. Das Glück hat nicht jeder und deshalb glauben viele auch nicht an

Schutzengel. Ich tue es, denn immer wenn es mir nicht gut geht, spüre ich dich bei mir. Wenn ich ein Problem habe, lege ich mich abends ins Bett, nehme deinen Teddybären in den Arm und flüstere ihm mein Problem zu. Und dann nehme ich ihn ganz fest in den Arm, setze ihn neben mich und gebe mein Problem an dich weiter. Ich bitte dich darum, mir zu helfen. Und dann lasse ich das Problem los, lasse dich die Arbeit machen! Ja, jetzt muss auch ich lächeln, weißt du Izzy: Ab und zu musst du halt auch mal was machen. Da brauchst du nicht so empört schauen! Ich kenne diesen Blick… Ich lebe dafür hier unten ja schon unsere gemeinsamen Träume. Den Rücken musst du mir jetzt freihalten. Und ich finde, bislang machst du das wirklich gut. Ich fühle mich besser, wenn ich das Problem dann an dich abgegeben habe und kann beruhigt einschlafen. Morgens sieht die Welt dann meist schon besser auf und viele Probleme haben sich erledigt. Lass uns so weitermachen, ja? Ein gutes Team waren wir ja wirklich schon immer! Und duuuu???? Das bleiben wir auch weiterhin. Lass uns noch einmal anstoßen und dann gehe ich ins Bett. Ich vermisse dich und habe dich lieb! Prost!

Mitte März 2002: Ich weiß gerade gar nicht, wo mir der Kopf steht. Ich habe nur noch

Schulbücher um mich herum, Matheformeln im Kopf. Im nächsten Monat sind die Abiturprüfungen. Unglaublich, dass ich es wirklich bis hierhin geschafft habe, findest du nicht? Ich habe nicht mehr daran geglaubt. Du weißt, ich war ja nie diejenige, die gerne in die Schule gegangen ist. Ganz im Gegensatz zu dir. Es hat dir sehr viel Spaß gemacht, du hast deine Hausaufgaben immer gewissenhaft erledigt, gerne Referate gehalten und gute Noten geschrieben. Ich habe im Gegensatz dazu gar nicht viel gelernt, meine Hausaufgaben immer ruck zuck hinter mich gebracht, manchmal auch erst vor der Stunde erledigt und nur wenig aufgepasst im Unterricht. Meine Noten waren dementsprechend. Oft wollte ich die Schule abbrechen, endlich arbeiten, doch ihr habt mich immer davon abgehalten. Zudem habe ich ja gewusst, dass ich das Abitur brauche, um in den Journalismus zu gehen. Deswegen wolltest auch du das Abitur machen. Nur deshalb hast du nach der Realschule zu mir auf die Schule gewechselt. Ich stehe jetzt kurz vor dem Ende und... ich lerne tatsächlich. Kannst du dir das vorstellen? Ich stehe morgens auf und schlage sofort nach dem Frühstück die Bücher auf. Mittags treffe ich mich mit Klassenkameraden, um gemeinsam Aufgaben zu lösen und abends lese ich mir nochmals ein paar Seiten verschiedener Hefte durch. Das Komische daran: Wenn man sich einmal richtig vertieft, macht es tatsächlich Spaß. Das hätte ich nicht gedacht. Das Gefühl hatte ich bislang nur bei unserem Job, bei der Arbeit, beim Artikelschreiben oder Recherchieren. Jetzt habe ich das Gefühl, dass ich vieles gerne rückgängig machen würde. Ich würde sehr gerne ein gutes Abiturzeugnis haben, doch leider kann ich an den Noten, die ich die letzten Jahre geschrieben habe, nun nichts mehr ändern. Wie oft hast du zu mir gesagt: „Jetzt sei nicht so faul. Du bist intelligent, du musst dir die Themen nur einmal anschauen und dann kannst du es. Andere wären froh, wenn sie so schnell kapieren würden. Also setz dich jetzt endlich mal auf deinen Arsch." Doch ich habe immer nur gelächelt und mir eine andere Nebenbeschäftigung gesucht. Ach komm: Musik hören, tanzen, mitsingen oder gemütlich kochen war doch oft viel schöner! Überleg mal, wie viele tolle Momente wir miteinander verpasst hätten... Ich bereue keinen einzigen Augenblick. Klar wäre ein besseres Zeugnis jetzt wichtiger, aber die Momente mit dir waren wertvoller. An denen werde ich ein Leben lang zehren. Ach Süße, wie gerne würde ich jetzt hier mit dir sitzen und zusammen mit dir lernen? Zusammen ernst sein und versuchen das bestmögliche Ergebnis hinzubekommen. Das wäre schon cool. Drückst du mir die Daumen bei den Prüfungen? Weil ich glaube bis dahin werde ich nicht mehr zum Schreiben kommen. Ich muss jetzt wirklich jede Minute zum Lernen nutzen. Zumindest einmal will ich in der Schule richtig gut sein. Wann die Termine genau sind sage ich dir noch einmal kurz davor. Damit du dann auch ganz nah bei mir sein und mir helfen kannst, ok?

April 2002: Ich habe es geschafft! Ich habe es endlich geschafft! Die Prüfungen sind um. Heute war die letzte: Mathe. Ist das nicht ein Grund zum Feiern? Und ich habe sogar wirklich ein gutes Gefühl bei allen Prüfungen. Doch dem nicht genug: Isabel, heute ist auch mein Geburtstag. Ich werde 19 Jahre alt. Oh Mann, meine Gedanken fliegen jetzt wie wild durcheinander. Ich muss feiern gehen, alle Gefühle raus lassen. Kommst du mit oder feierst du da oben parallel eine Geburtstags-Abitur-Party? Dass die Sonne ganz kräftig scheint in diesem Moment, ist ein Zeichen für mich. Ich weiß, dass du dich jetzt mit mir freust, dass du dich fühlst, als wäre es dein Abitur und dein Geburtstag. Ich weiß, dass du vor Glück jetzt Tränen in den Augen hast und stolz auf mich bist. Ich weiß, dass du, wenn du noch hier auf der Erde wärst, jetzt mit einer Falsche Sekt vor der Schule gestanden hättest, wahrscheinlich noch mit einem peinlichen T-Shirt und mit noch ganz vielen bescheuerten Ideen, um den Tag gebührend zu feiern. Dir sind immer so viele verrückte Sachen eingefallen, dass ich echt oft sprachlos war. Du hättest dagestanden, gelacht und mich ganz fest in den Arm genommen und mir gesagt, dass du stolz bist, dass ich den Weg durchgezogen habe. Bei solchen Anlässen warst du immer da, du hast mich immer in allem unterstützt und bist hinter mir gestanden. Du hast mir den Rücken gestärkt und meine schönen Tage noch schöner gemacht. Ich bin sicher, du hättest mit leichten Tränen in den Augen gesagt: „Jetzt sag ich aber nichts mehr. Keine Gefühlsduseleien mehr – so sind wir nicht." Und dann hätten wir gelacht und wären feiern gegangen. Mit allen anderen. Jetzt gehe ich eben alleine mit meiner Klassenstufe feiern. Wir werden die Sonne im Park genießen, mit Sekt auf unseren Erfolg anstoßen und ganz viel lachen und reden bis wir nicht mehr können. Wie sieht deine Party da oben auf der Wolke aus? Habt ihr Papphüte und Luftschlangen da? Hängt irgendwo das Schild „Congratulations"? Und womit stoßt ihr an? Dürft ihr im Himmel denn schon vor Mittag Alkohol trinken? Wahrscheinlich dürft ihr alles, weil es keine Regeln gibt, oder? Wen hast du denn heute eingeladen? Hast du eigentlich ein paar wirklich enge Freunde gefunden? Und vor allem, wie funktioniert das im Himmel mit den Einladungen? Habt ihr da oben auch ein Telefon oder ein Handy wie hier oder geht das alles alleine über Gedankenaustausch? Das wäre cool. Wenn man jemandem etwas sagen möchte, muss man ihm nur diese Gedanken senden und schon erreichen sie ihn. So kann man miteinander kommunizieren, obwohl man gerade ganz woanders ist. Ist das so? Das stelle ich mir schön vor. Autos gibt es dort ja auch nicht, wie kommt ihr denn dann von einem Eck zum anderen? An sich habe ich die Vorstellung, dass auf jeder Wolke ein Engel wie du wohnt. Und dann gibt es noch diese Gemeinschaftswolken. Zum Feiern, Treffen oder zum Kochen. Diese Plätze sind in etwa zu vergleichen mit einer Kneipe auf der Erde oder eben einer Disco, aber auch mit Marktplätzen und Freiluft-Treffpunkten. Und meistens habe ich auch die Vorstellung, dass der Raum begrenzt ist. Ich sehe ungefähr drei bis vier Wolken und dich zwischen ihnen durch die Gegend hüpfen. Aber es gibt ja viel mehr Engel, da bin ich mir sicher. Bestimmt gibt es dort, wo du jetzt bist, viel mehr Platz als hier unten auf der Erde. Mann o mann ist da Platz… Dann werden deine Freunde wahrscheinlich nicht nur um dich herum wohnen, sondern auch etwas entfernter. Und wenn es keine Autos gibt – wie kommt ihr dann einer zum anderen? Kannst du beamen? Ich glaube diese Frage habe ich dir schon ein paar Mal gestellt, aber eine Antwort habe ich bis heute immer noch nicht darauf gefunden. Ich glaube trotzdem fest daran. Gedankenaustausch und Beam-Fähigkeit. Das muss herrlich sein.

Ach du…eure Partys sind wahrscheinlich auch immer der Renner, weil keiner müde wird und man einfach aufhört, wenn man keine Lust mehr hat und nicht, weil man am nächsten Tag arbeiten muss oder von einem stressigen Tag geschafft ist. Tust du mir heute einen Gefallen? Feierst du so, als ob es dein eigenes Abitur wäre, das du jetzt hinter dir hast? Denn irgendwie ist es das ja auch. Ich habe das für uns beide gemacht und mich einmal richtig angestrengt. Und jetzt gehe ich zu den anderen und feiere so, als ob du deines auch bestanden hättest und du da wärst. Und heute Abend falle ich dann wahrscheinlich total betrunken, aber glücklich ins Bett. So wie du auch. Du hast nur einen Vorteil: Einen Kater gibt es bei euch wahrscheinlich auch nicht und wenn doch, dann kann man sich diesen bestimmt ganz schnell wegwünschen. Ich wünsche mir jetzt nur eines: Lass die Korken knallen!

Mai 2002: Ich habe meine Ergebnisse bekommen Isabel. Ich habe in allen Arbeiten eine Eins geschrieben. Ist das nicht fantastisch? Du glaubst mir nicht???? – Ist aber wirklich so!!! Ich sage die Wahrheit. Ich kann dir die Noten sogar zeigen. Du glaubst mir trotzdem nicht? Ok, das habe ich gehört, aber ich habe auch gehört, was du danach gesagt hast. Dass du gewusst hast, dass ich das kann, wenn ich mich einmal hinsetze und wirklich lerne. Und dass du dich freust. Ich freue mich auch Isabel. Ich hüpfe schon eine ganze Weile im Kreis herum und weiß gar nicht wohin mit meiner Energie. Bei deinem Grab war ich vorhin auch schon und habe vier Kerzen angezündet. Für jede Prüfung eine. Und auf die einzelnen Kerzen habe ich einfach nur geschrieben „Mathe", „Deutsch", „BWL" und „Englisch". Sah lustig aus… Ebenso wie dein Gesicht, das ich mir vorgestellt habe. Ich habe mich gemütlich auf die Bank gesetzt, meine Augen geschlossen und mir dich vorgestellt. Ich habe überlegt, wie du reagiert hättest, wenn du noch hier wärst und ich habe lachen müssen. Denn du hättest völlig bescheuert aus der Wäsche geschaut. Dessen bin ich mir sicher. Und geglaubt hättest du mir erst, wenn ich dir die Noten gezeigt hätte. Isabel, hätte ich dann ein Abitur-Geschenk von dir bekommen? Bestimmt. Dessen bin ich sicher. Aber weißt du was?

Ich habe auch so eines bekommen. Sandra hat heute vor der Schule auf mich gewartet und sie hat mir ein Abitur-T-Shirt geschenkt, mich in den Arm genommen und mir gesagt, dass sie stolz auf mich ist und dass sie sich mit mir freut. Sie hat sich extra einen Tag frei genommen, um mich nach den Ergebnissen zu empfangen. Das hat mich wirklich berührt.

Und danach waren wir frühstücken. So richtig edel. Mit ganz viel Kaffee, Orangensaft, Sekt und vielen Brötchen. Das war toll. Es ist schön, so jemanden zu haben, jemanden an seiner Seite zu haben. Unsere Freundschaft hat sich nach dem Urlaub immer weiter entwickelt. Ich nenne sie gerne meine beste Freundin, denn sie war das letzte Jahr immer für mich da. In guten wie in schlechten Zeiten, wie man so schön sagt. Anfangs hatte ich Angst, überhaupt wieder eine Freundschaft einzugehen. Ich wollte keine Gefühle mehr zulassen. Im Urlaub – das war einfach nur Ablenkung und doch sind wir uns näher gekommen, haben uns immer besser kennen und schätzen gelernt. Die Freundschaft hat sich langsam entwickelt. Aus einmal in der Woche telefonieren und sich treffen wurde von alleine täglich daraus. Ganz langsam hat sich Sandra immer mehr einen Platz in meinem Herzen erschlichen. Von Tag zu Tag mehr. Heute nenne ich sie wirklich gerne meine beste Freundin und das soll was heißen. Denn bislang hast nur du diese Bezeichnung von mir bekommen. Bekannte gibt es viele, aber wirkliche Freunde nur wenige im Leben. Da bin ich mir sicher. Es können gute und enge Bekannte sein und trotzdem sind es keine Freunde. Denn Freunde sind Menschen, die man zu jeder Tages- und Nachtzeit anrufen kann, mit denen man über seine Gefühle redet und die einen wirklich kennen. Freunde akzeptieren einen, wie man ist und sagen einem auch mal die Meinung. Egal, ob sie gut oder schlecht ausfällt. Freunde sind einfach die Familie, die man sich selbst wählt und für die man selbst auch immer einstehen sollte. So jemand warst du für mich und ich merke wie Sandra das auch immer mehr wird. Sie kommt mir nahe – gefährlich nahe. Das sage ich ungern, denn genau das wollte ich vermeiden. Ich möchte nicht, dass mich noch Mal jemand so treffen kann wie du. Ich möchte nie wieder so verletzt werden, nie wieder vor dem Trümmerhaufen meines Lebens stehen müssen und von vorne anfangen. Ich will nur eines: ein harmonisches, zufriedenes Leben führen mit Menschen, die mir etwas bedeuten und ganz vielen Schatzkisten-Momenten. Ohne böse Überraschungen, ohne plötzlichen Todesfall und ohne Enttäuschungen und Lügen.

Isabel, nie wieder möchte ich diese Verzweiflung, Ohnmacht und Schmerzen spüren wie bei deinem Tod. Nie wieder möchte ich die Enttäuschungen spüren wie bei unserem großen Streit. Was ich aber wieder spüren möchte sind Freude, Lebenslust, Freundschaft und Liebe. Ich möchte das Glück erleben, möchte wissen, wie es sich anfühlt, wenn man seine Träume erreicht und neben sich Menschen hat, die einem etwas bedeuten. Ich weiß inzwischen, dass ich diese schönen Augenblicke nur erleben kann, wenn ich die schlechten in Kauf nehme. Aber: Es fällt mir schwer, mich zu öffnen. Wie oft habe ich die letzte Zeit immer wieder gehört, dass ich undurchschaubar bin, dass ich keinen an mich heranlasse, dass ich immer nur zuhöre, aber nichts von mir erzähle. Oft musste ich mir anhören, wie schade es ist, dass ich mich nicht richtig öffne, sondern immer nur bis zu einem gewissen Grad.

Isabel, ich kann nicht anders. Ich habe zuviel Angst. Sandra – ja, sie hat es geschafft, weil sie viel Geduld hatte. Sie wollte nicht zu viel von mir wissen, sie war einfach an meiner Seite, als ich jemanden gebraucht habe. Sie hat nicht nachgefragt, sondern an den richtigen Augenblicken zugehört. Sie hat mit mir geschwiegen, mich nicht gedrängt. Sie hat einfach nicht aufgegeben, hat mir immer das

Gefühl gegeben, dass ich wichtig bin, auch wenn ich gerade eine schlechte Phase hatte und nicht reden wollte. Sie hat immer gewusst, dass ich mich auf niemanden einlassen möchte und doch ist sie neben mir geblieben. Sie hat mir sehr viel Liebe und Freundschaft geschenkt und ganz von alleine habe ich mich dann geöffnet. Ich bin froh, dass ich mich geöffnet habe, denn es ist schön. Ich habe zwar Angst, sehr große sogar, aber ich glaube, diese Freundschaft ist es wert. Ist ein Mensch, der ein Jahr lang immer neben einem steht und einem Kraft gibt, es nicht wert, dass man sich öffnet? Wenn nicht der, wer dann? Ich weiß, dass ich mich noch weiter öffnen kann und auch muss, um große Gefühle zu erleben, aber ich begebe mich erst wieder auf den Weg dahin. Oft sind einfach meine Ängste zu groß. Es ist Selbstschutz, den ich nicht einfach so aufgeben kann. Dafür bin ich noch zu verletzlich nach deinem Tod. Aber heute bin ich nicht verletzlich, heute hat sie sich einfach noch ein Stück weiter in mein Herz geschlichen, als sie mit dem T-Shirt vor der Schule stand. Das sind die Momente in meinem jetzigen Leben, in dem ich spüre, wie schön es doch sein kann. Deshalb sitze ich jetzt hier und lächle und ich weiß du lächelst mit.

Juli 2002: Heute ist dein Geburtstag. Du wärst 18 Jahre alt geworden. Auch endlich volljährig

Kleine! (Jaja, ich weiß, dass du größer warst als ich, aber das spielt jetzt keine Rolle meine Liebe!) Es tut mir weh, zu wissen, dass du diesen Tag hier nicht erleben kannst. Auf einmal sehe ich Bilder vor mir - von deiner ersten großen Liebe, deiner Hochzeit und deinen Kindern, die du dir immer gewünscht hast. Ich sehe deine Zukunft vor Augen. Und es versetzt mir einen Stich ins Herz. Ich weiß, dass du keinen dieser wichtigen Punkte im Leben hast erleben dürfen und auch nie mehr erleben kannst. Noch nicht einmal eine große Liebe hast du gefunden. Du warst immer so lebenslustig, standest mitten im Leben und hast alles mitgenommen, was ging. Du wolltest all diese Sachen, die ich gerade aufgezählt habe, erleben und hast dich darauf gefreut. Wie viele andere Menschen gibt es, die hier einfach so in den Tag hinein leben und nichts zu schätzen wissen. Männer und Frauen, die heiraten und Kinder kriegen und sich dann nie um sie kümmern. Ich weiß, dass du eine tolle Mama geworden wärst. Alleine schon deswegen, wie du dich um deine kleine Schwester gekümmert hast. Wie du sie angeschaut hast, das hat mir immer warm werden lassen ums Herz. Oft lag sie Sonntagmorgens, wenn ich zu dir gekommen bin, in deinem Bett und hat gekuschelt. Sie hat vor sich hin gebrabbelt und du hast dir das stundenlang anschauen können und hast sie zum Lachen gebracht. Das ging bei dir immer ganz einfach. Du hast sie einfach nur angelacht und sie hat zurück gelächelt, manchmal sogar richtig geschrieen vor Lachen. Ich weiß noch, dass ich oft auf deinem Sessel oder mit im Bett saß und euch beiden einfach nur zugeschaut habe. Es war ein schöner Anblick und er hat mich erfüllt. Wie gerne würde ich noch einmal so neben dir sitzen und dir beim Spielen mit deiner Schwester zuschauen! Ich würde sehr viel dafür geben. Du kannst es nicht mehr, aber ich. Ich liebe es, mit deiner Schwester zu spielen, ihr zuzuschauen, wie sie heranwächst. Es ist schön, zu sehen, wie sie das Laufen lernt, das Sprechen und nach und nach immer schlauer und wissbegieriger wird. Ich liebe es, wenn ich mit ihr alleine durch die Stadt spazieren kann, wenn ich mit ihr zusammen im Auto sitze und wir in den Park oder zum Mc Donalds fahren. Ich dachte mir, das muss ich beibehalten, wo wir doch so oft beim Mc waren. Deine kleine Schwester ist ein Goldschatz und sie erinnert an dich: Sie lacht immer, ist lebenslustig und kaum zu stoppen. Und sie hat deine Augen. Genauso dunkel und geheimnisvoll. Damit wird sie später mal den Männern den Kopf verdrehen. Da bin ich mir sicher. Es ist so schade, dass du das alles nicht erleben kannst.

Ich wäre auch gerne neben dir gestanden, wenn du geheiratet hättest und falls ich es einmal tun werde, dann hätte ich dich gerne an meiner Seite gehabt. Ich hätte mir gewünscht, dass du meinen Junggesellinnenabschied ausrichtest, mir etwas Blaues, Altes und Geborgtes besorgst und mir meine Nervosität nimmst.

Ich kann mir den Tag genau vorstellen und egal, wann er kommt, ich werde dich vermissen. Und es wird mir wehtun, dass du nicht dabei bist. Ich werde in den Himmel schauen und ich weiß, dass mir Tränen übers Gesicht laufen werden und ich hoffe, dass ich dann deine Anwesenheit so sehr spüren kann, wie schon in vielen anderen wichtigen Momenten. Ich werde dastehen, zu den Wolken blicken und lächeln und Isabel, ich verspreche dir, dass du an diesem Tag bei jedem Schritt bei mir sein wirst. Jetzt muss ich schon wieder weinen. Wie immer, wenn ich an wichtige Augenblicke in der Zukunft denken muss. An die Momente ohne dich, auch wenn du in mir und durch mich dabei sein wirst.

Du warst 16 als du gestorben bist und heute wärst du 18 Jahre alt geworden. Eineinhalb Jahre sind es inzwischen ohne dich. Eine lange Zeit. Unglaublich und doch fühlt es sich gerade heute wieder so an, wie wenn du gestern noch hier gewesen wärst. Es kommt mir so vor, als ob wir gestern noch zusammen Fußball geschaut hätten. Die letzten eineinhalb Jahren sind an mir vorbei geflogen und ich war gar nicht wirklich da. Dabei habe ich einiges erlebt und viele Momente auch in mir festgehalten. Ich habe dich sehr oft bei mir gespürt, deine Hand auf meiner Schulter. Mich würde interessieren, ob du noch genauso oft nach uns schaust wie zu Anfang? Machst du immer noch jeden Abend deinen Rundgang? Bekommst du alles mit, was wir hier so veranstalten? Heute Nacht um zwölf stand ich wieder auf dem Balkon und habe in die Sterne geschaut. Ich habe wieder ein Glas Sekt dabei gehabt und auf dich angestoßen (Wollen wir das zu unserem Ritual werden lassen?)! Und wieder habe ich deine Hand auf meiner Schulter gespürt. Ich wollte mich umdrehen, doch ich wusste, wenn ich das tue, bist du weg. Das ist fast so, wie wenn man vor einer heißen Herdplatte steht und aus Neugier gerne einmal drauf fassen möchte. Man kann sich kaum beherrschen, macht es letztlich aber doch nicht. So ging es mir in diesem Moment auch. Ich hätte mich sehr gerne umgedreht, ich hätte gerne gewusst, ob ich dann etwas sehe oder was passiert, aber ich habe mich nicht getraut. Also habe ich einfach deine Berührung genossen, weiter in den Himmel geschaut und meinen Tränen freien Lauf gelassen.

August 2002: Heute habe ich einen wichtigen Anruf bekommen. Es ist komisch, ich habe mich ja nur auf zwei Stellen beworben, weil ich irgendwie wusste, dass ich die eine bekomme. Und so ist es. Ich kann meine Ausbildung zum Journalisten im nächsten Monat beginnen. Ist das nicht super? Ich komme unserem Traum immer näher… Erinnerst du dich daran, als ich dir sagte, dass ich deinen Tod gespürt habe? Dass ich mit einer hundertprozentigen Gewissheit sagen konnte, dass du gerade gestorben bist? Genau das gleiche Gefühl, also diese absolute Gewissheit, hatte ich bei der Ausbildung. Du weißt, dass ich kein Mensch bin, der tatenlos herum sitzt oder der sich um die Zukunft keine Gedanken macht. Jaja, jetzt hab ich etwas gesagt, ich weiß. Du kennst niemanden, der sich so viele Gedanken macht und auch so viel darüber redet wie ich! Aber Isabel… das gilt nicht mehr. Nur dir gegenüber habe ich all das geäußert, inzwischen mache ich es mit mir aus. Vielleicht gibt es irgendwann einen Menschen an meiner Seite, dem ich voll und ganz vertraue und dann, ja, aber erst dann, werde ich auch wieder so viel erzählen. Zurück zum Thema: Ich bewerbe mich lieber bei zehn Verlagen zu viel, anstatt auf einmal ohne Job dazusitzen. Das wäre für mich ganz schlimm, das weißt du. Die letzten Monate haben sich alle gewundert, warum ich mich nicht beworben habe, sondern einfach das tolle Wetter und die Ferien genossen habe. Und irgendwie konnte ich immer als Antwort geben: „Weil ich die Stelle sowieso bekomme!" Ich war mir sicher, dass der Anruf noch kommt, auch wenn die Frist eigentlich schon abgelaufen war. Und ich habe mich auf mein Gefühl verlassen. Es hat mich bislang nie getäuscht und wie man sieht, auch diesmal nicht im Stich gelassen. Isabel, ohne Studium – ich habe das Volontariat. Das ist doch der Hammer, findest du nicht? Normalerweise muss man immer studiert und am besten noch zig Praktika gemacht haben. Ich freue mich wirklich, trotzdem war ich echt kurz überrumpelt, als der Anruf kam. Du hättest dich über mein Gesicht wieder kugelig gelacht. So Isabel, jetzt kann der Ernst des Lebens losgehen. Ich werde arbeiten. Aber bevor ich das mache, fahre ich morgen noch mal in Urlaub. Sandra und ich machen eine Kreuzfahrt. Ich werde jeden Abend an Deck stehen, zu den Sternen schauen und dir vom Tag erzählen, ok? Lass uns in Lissabon, Mallorca, Ibiza oder einfach mitten auf dem Meer treffen... Ich werde da sein und auf dich warten!

Ein paar Tage später: Isabel,

bist du da? Das Schiff ist unglaublich. Mir fehlen die Worte… Hier gibt es wirklich alles! Egal, was du dir vorstellst, hier gibt es das. Theater, Disco, zig Restaurants, Shopping-Meile - alles ist vorhanden. An den ersten beiden Tagen haben Sandra und ich uns ständig verlaufen. Das war ganz heftig. Wir wollten ins Theater und standen plötzlich lachend am Pool. Wir wollten ins Restaurant und waren auf einmal auf dem ganz falschen Deck. Das war echt amüsant. So langsam habe ich die Orientierung aber gefunden. Im Moment ist es mitten in der Nacht und ich habe es mir auf einer Liege auf dem obersten Deck gemütlich gemacht. Ich kann direkt in den Sternenhimmel schauen sowie aufs offene Meer. Du kannst dir das Gefühl der Freiheit und Weitläufigkeit gar nicht vorstellen.

Ich habe einen Cocktail in der Hand, denn eigentlich feiern wir gerade unten in der Disco. Doch da kam „I want it that way" von den Backstreet Boys und ich musste an die frische Luft. Das Lied hat mich an dich erinnert und ich wusste, dass ich jetzt einfach mal zu dir muss und Hallo sagen. Ja und jetzt liege ich hier und schaue in den Himmel weit über dem offenen Meer. Isabel, es ist toll. Ich hätte mir diese Reise nie so wunderschön ausgemalt. Du weißt, wie sehr ich

Angst habe vor Schiffen und dem weiten Meer, doch ich habe mich Sandra zuliebe getraut und jetzt bin ich froh, dass ich über meinen Schatten gesprungen bin. Ich hätte vieles verpasst. Alleine das Gefühl mitten auf dem Meer zu sein, morgens immer in einer anderen Stadt aufzuwachen und alles, was man braucht in unmittelbarer Nähe auf dem Schiff zu haben ist toll. Und besonders schön finde ich es, wenn ich abends im Freien stehen kann und auf das weite Meer schauen kann, wenn die Erinnerungen an dich kommen.

Heute Abend haben wir in der Disco ein paar Leute kennen gelernt. Dorthin werde ich gleich mal wieder gehen. Zwei Mädchen und zwei Jungs. Gefallen tut mir von den Jungs leider keiner. Aber das ist egal. Die Reise mache ich ja nicht nur, um Spaß zu haben, sondern um wieder ein bisschen mehr zu mir zu finden. Um mein inneres Gleichgewicht zurück zu bekommen, nachdem ich es durch deinen Tod verloren habe. Ich versuche mit dieser Reise weitere unvergessliche Momente für meine Schatzkiste tief im Inneren einzufangen. Denn: Je voller diese Kiste ist, umso mehr kann ich von diesen Momenten zehren und wieder die schönen Seiten des Lebens sehen. Irgendwie ist das wie ein Weg in einem Mario-Spiel. Du kennst doch noch Mario? Der läuft immer durch eine Welt und sammelt

Geldmünzen ein. Und wenn er eine durchlaufen hat, kommt er in die nächste. So ähnlich sehe ich meinen Weg an. Es sind immer andere Plätze und Welten durch die ich laufe, doch in jeder Welt und auf jedem Platz gibt es magische, schöne Momente gleichzusetzen mit Goldmünzen, einzusammeln. Man muss sie nur sehen. Und sobald ich sie gefunden habe, graben sie sich tief in mein Inneres. Am Ende jeder Welt habe ich wieder einiges gelernt, erlebt und geschenkt bekommen. Und wenn ich in die nächste Welt komme, dann fange ich schon gestärkter an als in der Welt zuvor. Ich bin erst am Anfang dieser Welten und habe noch einiges vor mir. Viele Reisen, viele Menschen, die mir begegnen und viele Glücks- aber auch Trauermomente. Die schwierigste Welt bin ich schon durchgegangen. Und ich bin nicht abgestürzt, habe mich nicht verhüpft oder bin in den Abgrund gefallen, habe nicht aufgegeben. Ich habe zwar einige Gefährten auf dem Weg verloren, aber auch ein paar neue hinzubekommen. Ich habe die Welt geschafft und jetzt stehe ich am Anfang einer neuen Welt und durch diese möchte ich lächelnd gehen. Ich weiß nicht, was auf mich zukommt, ich muss mich überraschen lassen. Ich weiß nicht, wer noch in mein Leben treten wird und wie es verlaufen wird. Aber ich weiß, dass ich vertrauen kann auf das Leben und vor allem auf meine eigene Stärke. So, wie ich das hier auf dieser Kreuzfahrt jeden Tag aufs Neue im Kleinen schon tue. Ich lasse mich vom Tag überraschen, von der neuen Stadt überraschen und von den Menschen um mich herum hier. Und genau das ist schön. Es ist toll nicht zu wissen, was mich morgen erwartet, denn: So hat jeder Tag die Chance, der schönste meines Lebens zu werden. In diesem Sinne werde ich jetzt wieder nach unten in die Disco gehen und mit Sandra und unseren neuen Freunden bis in die Morgenstunden weiterfeiern. Solange, bis wir mit einem Cocktail zusammen an die Reling gehen können und uns den Sonnenaufgang über dem offenen Meer anschauen können. Den Start eines neuen Tages!

Eine Woche später: Ich weiß gar nicht, wo ich anfangen soll. In den letzten Tagen ist so viel passiert – das haut dich um. Ich mache es kurz, denn viel Zeit habe ich nicht. Warum, wirst du gleich wissen. Sitzt du? … Wirklich? Ok! Am Samstag bin ich zurück von der Kreuzfahrt gekommen und habe irgendwie automatisch den Immobilienteil der Zeitung aufgeschlagen. Ich weiß zwar nicht warum, aber ich habe dann einfach mal bei zwei Wohnungen angerufen. Eigentlich wollte ich ja noch gar nicht ausziehen. Zumindest habe ich mir keine Gedanken darüber gemacht. Aber auch egal. Bin dann am gleichen Mittag noch eine Wohnung anschauen gegangen und die hat mir sofort gefallen. Mit meiner Mama bin ich noch mal hin, habe ihr die Wohnung gezeigt und dann den Mietvertrag unterschrieben. Da meine Ausbildung nächste Woche schon anfängt, wollte ich diese Woche noch umziehen. Und jetzt stecke ich auf einmal mittendrin. Die letzten Tage habe ich zusammen mit einem Kumpel renoviert und seit gestern fahre ich Kisten hin und her. Heute habe ich mir dann auch noch ein paar Möbel gekauft und tja, was soll ich sagen. Ab übermorgen werde ich hier wohnen. Ist das nicht super? Die erste eigene Wohnung, Isabel. Wie oft haben wir davon geträumt…

Eigentlich wollten wir zusammen ziehen. Wir hatten auch schon eine genaue Vorstellung davon. Hell hätte die Wohnung sein müssen, die Küche der Mittelpunkt des Ganzen und ein schönes großes Bad. Die Zimmer waren uns an sich egal, da wir gewusst haben, dass wir uns meistens zusammen in der Küche aufgehalten hätten. Wie oft lagen wir zusammen auf dem Bett und haben uns alles ganz genau ausgemalt. Sobald wir unsere Ausbildungsplätze gehabt hätten, wollten wir diesen Plan dann auch in die Wirklichkeit umsetzen. Bei mir ist das jetzt soweit und es ist schade, dass du nicht neben mir stehst. Zu zweit hätte es bestimmt mehr Spaß gemacht, Wohnungen anzuschauen, Möbel auszusuchen und zu renovieren. Oh Mann, wie oft haben wir schon zusammen renoviert! Ich muss schon wieder lachen. Weißt du noch bei eurem letzten Umzug…? Wir standen in deinen zwei neuen Zimmern und hätten diese streichen sollen. Doch anstatt anzufangen, hast du erstmal Musik aufgelegt, ein gutes Vesper aus deinem Rucksack geholt und es dir auf dem Boden gemütlich gemacht. „Immer mit der Ruhe…" hast du gesagt und dir nebenbei einen Zeitungs-Hut gebastelt. „Ohne die richtige Arbeitsausstattung geht es nicht", hast du verschmitzt gesagt und mich ruckzuck mit etwas Farbe voll gespritzt. „Tja, hättest jetzt einen Hut gehabt, wäre deinen Haaren nichts passiert!" Du hast nur noch gelacht. Im Gegenzug habe ich dir dann die Backen voll gemalt. Und noch bevor wir wirklich mit dem Renovieren angefangen haben, sahen wir aus wie nach einer Farbschlacht. Als deine Mutter uns so gesehen hat, hat sie nur noch mit dem Kopf geschüttelt. Aber eines muss man sagen: Wir waren schnell, gründlich und ordentlich und haben an dem Tag auch noch drei andere Räume gestrichen. Wir waren eben einfach ein gutes Team. Isabel, so einen Partner könnte ich jetzt auch an meiner Seite gebrauchen. Werde nämlich gleich noch ein paar Kleinigkeiten für den restlichen Umzug organisieren gehen. Ich freue mich schon darauf, den ersten Abend alleine in meiner eigenen Wohnung zu verbringen. Was meinst du, wollen wir dann anstoßen? Ich werde an dich denken. Und jetzt muss ich los.

Ende 2002: So, das Jahr ist auch bald schon wieder vorbei. Wie schnell die Zeit vergeht. Irgendwie fliegt sie fast. Ich habe gerade mal wieder jemanden kennen gelernt, aber irgendetwas stimmt nicht. Isabel, keiner berührt mich. Verstehst du, was ich meine? Das sind wirklich tolle Typen, sie gefallen mir äußerlich, sie sind lieb, nett, ich kann mit ihnen lachen, mit ihnen reden oder auch einfach schweigen. Ich fühle mich wohl bei ihnen, aber so richtig berühren tun sie mich einfach nicht. Es ist komisch, ich küsse einen von den Jungs und eigentlich heißt es doch immer, dass einem dann heiß und kalt wird und man demjenigen ganz nahe sein will, aber ich spüre einfach nichts. Da sind keine Gefühle.

So langsam habe ich das Gefühl, ich bin kalt. Alle um mich herum haben diese Gefühle und können sie auch zulassen, nur ich nicht. Vielleicht haben viele ja recht, wenn sie sagen, dass ich mich einfach nicht öffnen kann. Ich habe noch nicht mal ein bisschen das Bedürfnis danach, mehr zu geben als die Küsse. Ich möchte es nicht, wenn sie mich anfassen oder mir nahe sein wollen. Ich habe einfach keine Gefühle dabei. Im Arm liegen – ja, das ist schön, doch selbst da spüre ich, dass ich mich nicht ganz fallen lassen kann. Ich will mich auch nicht fallen lassen, denn wer weiß, wohin man dann fällt… Ich will nicht, dass einer meine Gefühle kennt, mein Innerstes, meine Gedanken und Träume. Ich will nichts von mir preisgeben, womit man mich später verletzen könnte. Weißt du, vielleicht war ja einfach noch nicht der Richtige dabei, sage ich mir, aber irgendwie habe ich das Gefühl, dass es einfach nur an mir liegt. Ich bin nicht bereit dazu, irgendetwas Tieferes einzugehen. Dabei mag ich das Alleinsein auch nicht.

Du kennst mich und weißt, wie gerne ich Liebe gebe. Du weißt, wie schön ich es finde, mich um jemand anderen zu kümmern, ihm mit vielen Kleinigkeiten Freuden zu bereiten. Ihn zu umsorgen, zum Lachen zu bringen. Das fehlt mir. Aber wie soll ich zu diesem Punkt kommen, wenn ich innerlich immer dicht mache, sobald ich jemanden kennen lerne? Ach, ich bin es leid über das Thema Liebe nachzudenken und darüber, was ich falsch mache. Ich werde jetzt das Thema für mich einfach abhaken und falls doch mal jemand kommt, der mich umhaut, kann ich mir immer noch Gedanken darüber machen.

Und vielleicht erledigen sich all diese Dinge ja, wenn es wirklich der Richtige ist. Vielleicht lag es bislang doch einfach nur daran. Und weil ich vorsichtig geworden bin und nicht jeden an mich heran lasse. Aber lassen wir das jetzt.

Isabel, in diesem Jahr habe ich soviel erlebt. Ich bin daheim ausgezogen, habe meine Ausbildung angefangen und stehe nun richtig im Leben. Mir macht die Arbeit Spaß. Es ist genau so, wie wir uns das immer vorgestellt haben. Du hättest deine helle Freude daran und wärst voll in den Aufgaben aufgegangen. So, wie ich das jetzt tue. Es macht so viel mehr Spaß als in der Schule zu sitzen und zuzuhören. Ich kann kreativ sein, mir Themen suchen, die mich selbst interessieren und viel unterwegs sein. Das ist toll. Und wenn ich abends nach Hause komme, komme ich in meine eigene Wohnung. Das ist ein schönes Gefühl. Noch schöner wäre es aber, wenn du hier wärst.

Drei Jahre nach deinem Tod:
Ich weiß gar nicht, wo ich wieder anfangen soll zu erzählen. Ich vermisse dich immer noch sehr. Jeden Tag in meinem Leben. Du gehörst einfach zu meinem Leben so wie die Luft zum Atmen. Isabel, du bist es, an die ich denke, wenn etwas Schönes passiert und du bist es, die ich mir herbeisehne, wenn es mir nicht gut geht. Ja, es sind drei

Jahre vergangen. Aber was sind schon drei Jahre? Auf der einen Seite viel, weil ich viel erlebt und gemacht habe, auf der anderen Seite ist es aber auch eine kurze Zeit, wenn man einen Menschen, den man geliebt hat, vermisst. Es kommt mir immer noch alles wie gestern vor. Immer noch sehe ich dein Gesicht ganz klar vor mir, dich ganz real vor mir. Und ich spüre es, wenn du hier bei mir bist, wenn du vorbeikommst, um meine Seele zu streicheln und um mir etwas Kraft und Zuversicht in schwierigen Situationen zu schenken.

Isabel, es gibt viele Situationen in denen dein Tod mir immer noch so sehr weh tut, so dass ich völlig verzweifelt bin, nur dasitze und weine.

Es gibt viele Momente in denen ich mich frage, warum ich etwas überhaupt mache, wenn ich doch weiß, dass du es einfach nicht mehr konntest. Und deshalb handle ich oft anders als früher. Es gibt viele Situationen, bei denen ich vor deinem Tod mit Streit oder Diskussion reagiert hätte, doch das tue ich heute nicht mehr. Ich denke darüber nach und merke, dass viele Streits einfach unnötig sind und auch waren. Bevor ich heute anfange zu streiten oder blöd zu reagieren, frage ich mich, wie ich reagieren würde, wenn die Person nur noch einen Tag zu leben hätte oder wenn sie morgen einfach weg wäre und meist spüre ich dann etwas anderes als Ärger oder Wut. Ich spüre Zuneigung und Liebe. Dann kann ich mich hinsetzen und normal über die Sachen reden. Und ich glaube das ist der bessere Weg mit vielen Dingen umzugehen. Ich möchte niemals mit Schuldgefühlen dastehen müssen und mir wünschen, hätte ich doch vieles noch gesagt. Natürlich hatte ich bei dir das Gefühl. Ich hatte jahrelang Schuldgefühle und manchmal habe ich sie heute immer noch leicht, weil ich einfach gegangen bin, als du es gesagt hast und nicht geblieben bin. Denn solange ich bei dir war bist du immer wieder zurückgekommen, danach nicht mehr. Was wäre gewesen, wenn ich so lange geblieben wäre, bis der Notarzt kam? Wärst du dann nicht bewusstlos gewesen und hätte das etwas geholfen? Es gibt viele Fragen, die ich mir immer und immer wieder stelle. Und ich wünschte, ich hätte dir vieles noch sagen können. Vor allem, wieviel du mir bedeutest und wie viele wunderschöne Tage du mir geschenkt hast, einfach, wie glücklich du mich gemacht hast. Ich weiß, dass du alles gewusst hast, aber einmal ausgesprochen hätte ich es trotzdem gerne. Und diesen Fehler werde ich nie wieder machen. Ich sage Leuten, wenn sie mich glücklich machen, wenn sie mir einen schönen Abend geschenkt haben und ich sage ihnen auch, was sie mir bedeuten. Das kann man nie oft genug sagen. Wenn wirklich jemand da ist, der mir wichtig ist, dann wird er das auch dauernd zu hören bekommen. Auch, wenn ich ihm damit dann schon auf die Nerven gehe.

Du hast vieles in mir verändert, vor allem auch die Art und Weisen, wie ich mit Dingen umgehe. Du hast meinen Horizont erweitert und meinen Blickwinkel. Und durch dich habe ich etwas auf die Beine gestellt. Erinnerst du dich noch an meinen tollen Besuch bei der Psychologin? Das war ja so furchtbar lustig, dass ich mich gefragt habe, wie andere Jugendliche damit umgehen. Ich habe nur eine Lösung gefunden: das Internet. Dort habe ich viele Jugendliche kennen gelernt, die ebenfalls einen geliebten Menschen verloren haben. Egal ob Elternteil, Schwester oder Bruder, beste Freundin oder auch einfach nur einen Bekannten. Ein Mädchen, das genauso alt war wie ich, habe ich besonders ins Herz geschlossen. Sie hat auch ihre beste Freundin verloren. Wir haben uns täglich Emails geschrieben. Und sie war, glaube ich, die einzige in meinem gesamten Umfeld, die mich voll und ganz verstanden hat. Sie konnte nachvollziehen, wenn ich ihr gesagt habe, dass ich keine Lust habe etwas zu essen, weil Isabel es eben auch nicht mehr kann. Oder die verstanden hat, wenn ich Angst hatte zu lachen, weil Isabel es eben auch nicht mehr konnte. Mit ihr konnte ich mich austauschen – wenn auch nur über Email. Ich hätte mir gewünscht andere Jugendliche kennen zu lernen und mit ihnen eben tatsächlich zu reden. Einfach in einem Jugendhaus oder einem Café. Eben in einer ungezwungenen Atmosphäre und nicht bei einer Gruppensitzung beim Psychologe oder ähnlichem. Leider gab es das nirgends. Doch das habe ich nun geändert.

Zusammen mit einer sozialen Einrichtung haben wir genau solche Treffpunkte ins Leben gerufen. Und es lief so gut, dass andere Städte inzwischen nachgezogen haben. Heute zu sehen, wie fremde Jugendliche sich gegenseitig Kraft geben, sich unterstützen und gegenseitig Mut machen, gibt auch mir sehr viel. Dein Tod war ein Anstoß dazu – so blöd sich das anhört. Aber dein Tod hat etwas verändert. Ich war alleine, musste hier alleine mit meinem Schmerz klarkommen. Doch jetzt gibt es Gruppen, in denen sich Jugendliche gegenseitig Halt geben können. Ich gehe gerne zu diesen „Sitzungen", unterhalte mich mit Jugendlichen jeden Alters, jeder Hautfarbe und jeder Herkunft und zeige ihnen, dass man irgendwann trotzdem wieder lachen kann. Ich gehe gerne dort hin und sehe, wie sich Fremde in den Armen liegen, einfach nur, weil sie sich verstanden fühlen und sie halten sich nicht nur mit Floskeln auf, sondern wissen, was sie gerade brauchen. Sie begegnen sich ohne Vorurteile und ohne einander verlegen anzuschauen, weil jemand tot ist. Sie sagen immer genau das, was sie in diesem Moment fühlen und es kommt beim anderen an, weil es ehrlich ist und meist das, was der andere auch spürt. Es tut gut zu sehen, was sich da entwickelt hat. Ich verfolge gerne, wie sich bei vielen von ihnen das Leben im Laufe der Zeit verändert, wie sie den Weg aus der Trauer herausfinden, so wie ich es geschafft habe. Ich weiß, wenn ich mit diesem Projekt nur einem Jugendlichen helfen konnte, dann hat sich auch schon mein Leben hier gelohnt. Doch all das hätte ich niemals ins Leben rufen können, wenn ich die Erfahrungen in den vergangenen Jahren nicht gemacht hätte.

Die letzte Zeit war ich öfters mal wieder an deinem Grab. Ich habe dir Sonnenblumen mitgebracht. Die hast du ja einfach immer so gerne gehabt. Das erste Mal hast du mir das gesagt, als wir auf deinem Balkon gesessen sind und Fußball durch das Fenster geschaut haben. Es war Halbzeit und auf einmal hast du angefangen davon zu sprechen, wie du dir deine Beerdigung vorstellst. Du hast gesagt, dass du dir deine Beerdigung wie eine Party vorstellst. Die Leute hätten lachen sollen, bunte Luftballons dabei haben und bunte Blumen. Du wolltest, dass deine Lieblingslieder gespielt werden und alle in ihren Lieblings-Klamotten kommen. Keiner sollte schwarz tragen. Tut mir leid, dass nicht alle deine Wünsche berücksichtigt werden konnten, aber wir waren alle einfach zu traurig. Helfen die Bestechungsversuche mit den Sonnenblumen? Ich finde diese Blumen auch sehr schön. Wie hat meine Tante am Tag deiner Beerdigung zu mir gesagt: „Wende dich stets der Sonne zu, dann fallen alle Schatten hinter dich!" Und dann hat sie gesagt: „Isabel war immer fröhlich und sie hätte gewollt, dass du dich den guten Dingen zuwendest." Und genau das tue ich nun. Zumindest klappt es immer besser. Ich weiß, das mein Weg noch lang sein wird. Einmal werde ich ganz glücklich sein und wenn dieser Zeitpunkt da ist, dann wirst du auf jeden Fall mit dabei sein. Du, da oben auf deiner Wolke mit einem Glas Sekt in der Hand, einem tollen Ausblick auf alles, was hier passiert und vielen Freunden um dich herum. Tief in mir sehe ich dich dort sitzen und das wird immer so sein.

Jahre später: Isabel, es sind viele Jahre vergangen und heute sitze ich zum ersten Mal hier und muss dir etwas sehr Wichtiges erzählen. Ich habe jemanden kennen gelernt. Das habe ich dir am Grab schon mitgeteilt. Aber diesmal ist es anders als bei jedem anderen zuvor. Ich habe mich verliebt, ich habe mich zum ersten Mal wirklich verliebt. Und ich werde mich darauf einlassen. Ich habe lange gezweifelt, habe lange überlegt, ob ich das wirklich machen soll, doch diesmal weiß ich, dass ich nicht anders kann. Es ist eine Frau, in die ich mich verliebt habe. Ich denke so viel darüber nach und heute weiß ich, dass ich einen ersten Schritt gemacht habe, in dem ich dir damals gesagt habe, dass ich dich liebe. Ich habe zu meinen Gefühlen gestanden, egal, was danach passiert ist und ich weiß, dass ich das diesmal wieder tun werde.

Bislang habe ich vieles ausprobiert, habe den Weg zu mir selbst gesucht und endlich habe ich ihn gefunden. Ich liebe sie und ich weiß, sie liebt mich auch. Solche Gefühle hatte ich noch nie. Immer wieder habe ich mich in den vergangenen Wochen gefragt, wie du darauf reagiert hättest und heute weiß ich mit Sicherheit, dass du mich unterstützt hättest. Du hättest gesehen, dass ich glücklich bin und wieder lachen kann und du hättest gesagt, dass das das Wichtigste im Leben sei. Weißt du, ich dachte, ich kann mich auf keinen Menschen mehr einlassen, weil man ja nie wusste, ob die Person einen wieder so verletzt wie man schon einmal verletzt worden ist. Aber ich weiß, dass ich genau aus diesem Wissen heraus anders handeln werde, als ich es sonst getan habe. Ich spüre, dass ich jeden Morgen neben ihr aufwache und glücklich sein werde, weil sie neben mir liegt. Ich werde keinen Augenblick mehr einfach so hinnehmen, sondern bewusst fühlen und erleben. Wenn ich ihr in die Augen blicke, dann werde ich alle diese Momente ganz tief in mir bewahren. Und, wenn es irgendwann vorbei sein sollte, werde ich in dieser Zeit jeden Moment aufgesogen haben. Ich weiß es zu schätzen, mit ihr auf dem Sofa zu sitzen und zu reden. Ich weiß es zu schätzen sie im Arm zu halten und ich weiß es zu schätzen, ganz alltägliche Dinge mit ihr zu tun. Wenn sie mich liebevoll anschaut, dann ist es, als ob die Welt stehen bleiben würde und ich nichts anderes auf der Welt mehr bräuchte zum Glücklichsein. Ich weiß den Alltag zu schätzen, den zwei Menschen zusammen haben und ich werde alles in meiner Macht stehende tun, damit sich nicht zuviel Routine einschleicht. Ich werde alles dafür tun, um sie glücklich zu machen, um mit ihr viele unvergessliche Momente zu erleben.

Ja, ich öffne mich wieder so weit, um mich noch einmal verletzen zu lassen. Ich glaube, sie ist es wert. So, wie du es wert warst. Die glücklichen Momente sind so viel wichtiger als die schlechten, die es nach deinem Tod gab. Wenn sie bei mir ist, strahlt die Sonne auf einmal wieder richtig. Sie wärmt mich und lässt mich glücklich dasitzen, auch wenn ich alleine bin. Zum ersten Mal seit deinem Tod kann ich wieder aus vollem Herzen lachen und ich wünsche mir, dass es so bleibt. Sind das nicht die Momente, in denen man weiß, dass ein anderer Mensch es wert ist, sich zu öffnen? Weißt du, sie muss nur meine Hand nehmen, dann spüre ich ihre Berührung und habe das Gefühl, angekommen zu sein, den Menschen gefunden zu haben, der mich versteht. Ich habe ihr von dir erzählt. Schon oft und sie reagiert nicht wie die anderen. Sie fragt nicht, sondern blickt mir tief in die Seele und nimmt mich in den Arm, küsst mich und alles andere wird unwichtig. Isabel, ich habe gebraucht, um meinen Weg zu finden, aber jetzt ist er da. Ich werde ihn zusammen mit ihr gehen und glücklich werden. Egal für wie lange. Ich genieße es mit ihr zu Abend zu essen, mit ihr einzuschlafen oder sie einfach nur anzuschauen. Es ist so schön mit ihr durch die Stadt zu bummeln, Blödsinn zu machen, sich wie Kinder zu verhalten oder ihr von einem stressigen Tag zu erzählen. Ich weiß, ich bin angekommen und das hätte ich nicht können, wenn ich die letzten Jahre nicht durchgemacht hätte.

Du hast mich stark gemacht und mir gezeigt, was wichtig ist im Leben. Du hast mir gezeigt, worauf ich achten muss. Ich danke dir. Ich werde dich nie vergessen und du wirst immer bei mir sein in wichtigen und auch in schweren Momenten. Auch, wenn du nun nicht mehr mein Lebensmittelpunkt bist. Wenn du das wärst, wäre es fatal. Denn das würde mich kaputt machen und ich weiß, dass du das nicht gewollt hättest. Isabel, ich wünschte, du wärst hier und ich könnte sie dir vorstellen. Diesen einen Menschen, der mich nach dir zum ersten Mal in meinem Leben ganz tief berührt, der mich all meine Ängste und Zweifel vergessen lässt. Dem ich mein Innerstes öffne – mit dem Wissen, dass ich ihm damit auch die Macht gebe, mich tief zu verletzen, wenn er mich, wie schon einmal, alleine zurücklässt. Ich gebe ihr diese Macht. Ich weiß, dass ich oft kein einfacher Mensch bin, aber sie kann damit umgehen. Dessen bin ich mir sicher. Sie ist reif genug, um zu erkennen, dass ich nichts mehr alltäglich nehmen werde, keinen einzigen Augenblick. Sie ist stark genug, um mich in schlechten Momenten aufzufangen und mich wieder in die richtige Bahn zu lenken. Dazu muss ich nur ihre Hand nehmen, ihr in die Augen schauen und dann weiß ich, ich kann endlich das Leben führen, das ich mir immer gewünscht habe. Ein Leben, in dem nichts mehr selbstverständlich ist, sondern alles bewusst erlebt wird. Das Beisammensein nach einem schlechten Tag, jeder einzelne Blick, jede Berührung und jede Umarmung – genauso die tollen, lauten Stunden, die ohne den anderen nur halb so schön wären. Ich hoffe ihr lernt euch irgendwann kennen. Aber bis dahin lassen wir uns noch viel Zeit, ja? Zeit, die ich genießen kann und in der ich glücklich sein kann. Mit ihr und einer tollen Zukunft.

PROLOG

Als Isabel starb, starb ich sozusagen mit. Einen Teil von mir gibt es seitdem nicht mehr. Es war, als ob einer die Hälfte deines Herzen aus deinem Körper nimmt und du kannst danach immer nur eine Hälfte deines Herzens spüren. Auf der anderen Herzseite war einfach nur Leere. Das Gefühl kann sich nur einer vorstellen, der ähnliches erlebt hat. Erst wenn wir uns wieder sehen, wird mein Herz auch wieder komplett sein. Isabel war die erste und bisher auch die einzige Person, die ich einfach bedingungslos liebte. Für sie hätte ich alles aufgegeben. Hätte sie gesagt, sie möchte von hier abhauen, ich hätte alles hinter mir gelassen, um mit ihr zu gehen.

Wo Isabel war, fühlte ich mich

wohl, war ich daheim. Egal, wie viel Mist Izzy manchmal baute, wusste sie, dass sie sich immer auf mich verlassen konnte und dass das unserer Freundschaft nichts ausmachen würde. Ich dachte immer, auf diese Freundschaft könnte ich für alle Zeit bauen, doch auf einmal war alles aus. Inzwischen habe ich verstanden, dass ich mich auf diese Freundschaft doch habe verlassen können. Es ist zwar nicht mehr so wie früher, aber sie besteht immer noch. Sie hat sich nur verändert. Isabel steht nicht mehr neben mir, doch dafür ist sie in mir. Diese Freundschaft wird das einzige bleiben, auf das ich mich immer stützen kann, denn: Inzwischen ist ein sehr dickes Band entstanden, das auch der Tod nicht trennen konnte. Es wurde dadurch sogar zu dem dicksten Band in meinem Leben. Es gibt ein schönes Gedicht, dass in dem Film „My Girl" vorgelesen wurde. An das muss ich immer wieder denken:

Trauerweide,
immer nur seh ich Deine
Tränen.
Warum weinst du und
runzelst die Stirn?
Ist es, weil er Dich ohne
Abschied verlassen hat?
Auf Deinen Zweigen
schaukelte er im Wind -
sehnst du Dich nach den
Tagen mit diesem Kind?
Du hast ihm immer Zuflucht
gewährt